# LE FABULEUX
# OU LA VIE D'UN PUR-SANG

Conception graphique : **David Longuein**[L775]
Adaptation des textes : **Isabelle Macé**



**Connectez-vous sur www.editionsdelamartiniere.fr**

CHRISTOPHE DONNER
VINCENT GODEAU

# LE FABULEUX
## OU LA VIE D'UN PUR-SANG

Éditions
de La Martinière

SOMMAIRE

# LE FABULEUX
## OU LA VIE D'UN PUR-SANG

## III. Dresser



## IV. Entraîner



## V. Courir

# — AU DÉPART !

Concevoir un livre qui raconterait, en images, la vie entière d'un cheval de course, un pur-sang qui gagnerait des courses : un crack qui deviendrait célèbre, fabuleux. Nous l'avons appelé Le Fabuleux. Il ne restait plus qu'à inventer cette créature avec des tranches de vie, des morceaux de victoires, des bouts d'entraînements, des saillies, des ventes et des naissances, des triomphes empruntés à d'autres. Ce puzzle photographique peut s'apparenter à un roman, à un récit, à un reportage, ou à une fable.

Notre Fabuleux change de robe, de silhouette et de jockey : vous ne le reconnaîtrez pas d'une photo à l'autre, mais c'est bien lui, son âme, notre rêve, il est tous les pur-sang, et tous les pur-sang sont Le Fabuleux.

I.

# Élever

# LA CONCEPTION

L'homme a donc apprivoisé le cheval qui l'a, en retour, civilisé. Outre la vitesse, mère de tous les progrès humains, le cheval a suggéré à l'homme l'intérêt qu'il y avait à ne plus chasser les animaux pour les tuer et les manger, mais à les capturer pour les exploiter. L'exploitation étant la mère du capitalisme, le cheval aurait eu dans l'histoire de l'économie une influence qui a échappé aux marxistes.

Pour gérer l'activité sexuelle du cheval, l'homme l'a décrétée dangereuse à l'état naturel. Il l'a pliée à son contrôle. Quelle part de fantasme entre dans l'élaboration du concept d'« amélioration de la race » ? Serait-ce par jalousie, et donc par amour que l'homme de cheval a conçu le rite de la saillie ? Tout le paradoxe de l'éleveur tient dans ce passage de la douceur de l'état sauvage à la plus barbare des rationalités.

On entrave la jambe avant de la jument, l'empêchant ainsi de ruer. On lui tord les naseaux avec un instrument de torture, le tord-nez, qui rendra la douleur plus vive, plus déchirante et surprenante. L'homme s'immisce dans l'intimité organique de l'acte en dirigeant d'une main, certes experte, le membre mâle à la bonne hauteur de la vulve. Comme s'il voulait non seulement que ça se passe bien, mais aussi à sa façon. En être un peu l'auteur, faute d'en être le concepteur.

Certains films, certains romans ont tenté de représenter l'acte sexuel de l'*Homo sapiens*. Le grotesque des scènes incite à la plus grande circonspection. On n'en sait rien. La découverte récente des poteries ithyphalliques des tribus mochicas nous rappelle que ce n'est pas plus Sodome que Pompéi, pas plus le libertinage du marquis de Sade que les films X de Francis Leroi qui ont inventé les délices de la chair.

Où commence la recherche du meilleur pedigree, où se termine le génie laborantin de l'homme ? Le hasard semble dire « non » aux certitudes génétiques : deux cracks ne font pas un champion. Mais sans les points de force de son père, gagnant du Derby d'Irlande, et sans les qualités sanguines, cardiaques, fibreuses de sa mère, gagnante du Prix de Diane, cette santé qui éclatait au rond de présentation, cette beauté qui attirait les regards de tous et vous « tirait l'argent de la poche », sans ce calcul des croisements qui fut aussi un pari, rien ne serait devenu aussi fabuleux que Le Fabuleux.

Avant de choisir, il fallut creuser soixante-dix ans de souvenirs. Monsieur Henri avait monté Miss Song, l'arrière-arrière-arrière-grand-mère de Signalée, la mère du futur Fabuleux. Miss Song avait remporté trois victoires à Deauville pendant la guerre.

De mère en fille, les résultats de la famille étaient bons, mais dépourvus d'exploits, de grands prix, tandis que ne manquèrent ni les accidents, ni la malchance, beaucoup de malchance. On dit que l'accumulation des malheurs est une réserve de promesses. Espérons-le. La famille de Miss Song faillit s'éteindre, jusqu'à ce qu'une cousine paloise de Signalée remporte la Poule d'essai des Pouliches, à Longchamp. Alors d'un coup, toutes les dames qui pouvaient revendiquer un peu de sang de Miss Song eurent droit aux visites galantes les plus cotées. Les plus coûteuses. Et rien n'en est sorti. Pour en arriver à ce jour. Signalée présentée à Dancing Bred. Champion sur le mile, râblé comme tout et père de trois Groupe 1. La vedette. Le macho.

Outre les 25 000 euros de référence, la saillie coûta une fracture de la cheville à l'étalonnier, et une bordée d'injures à l'adresse du photographe qui fut tenu pour responsable de l'affolement de l'étalon. Et il l'était.

On ne dira pas que la saillie s'est mal passée puisque, après un quart d'heure d'acrobaties copulatoires, l'éjaculation fut, et la conception s'ensuivit. On dira que ce fut difficile.

Page de gauche
On entrave la jument pour l'immobiliser au moment de la saillie.

# VIOLENCE PROPHYLACTIQUE

Une quinzaine de jours après la saillie, on examine la jument pour savoir si elle est prise. Le plus couramment pratiqué, c'est l'échographie. Dans 3 % des cas, le vétérinaire aura la mauvaise surprise de voir apparaître sur son écran deux fœtus. Il devra en éliminer un et les blagues obligatoires, il ferait mieux de les dire lui-même avant qu'on les lui envoie : « Je vais essayer de ne pas me tromper, ça serait dommage d'écraser le champion. » Cet « écrasement » consiste à pincer un des embryons à travers l'utérus. Il faut le pratiquer avant le 25e jour de grossesse, tant que l'embryon est encore dans la corne de l'utérus.

C'est cruel si on veut, mais ça l'est moins que de laisser se dérouler une gestation gémellaire qui aboutit souvent à la mort des deux poulains et à l'infertilité de la mère.

Du coup, on serait moins surpris de voir la docilité avec laquelle les juments entrent dans ce sinistre couloir pour y être auscultées. Il faut parfois, cependant, avoir recours au tord-nez, jamais très loin de la main de l'homme. Épouvantable sceptre.

Ci-dessus
Le tord-nez : on attache le nez de la jument afin de la maintenir lors de la saillie ou des auscultations.
Page de droite
Chez le vétérinaire, lieu d'auscultation.

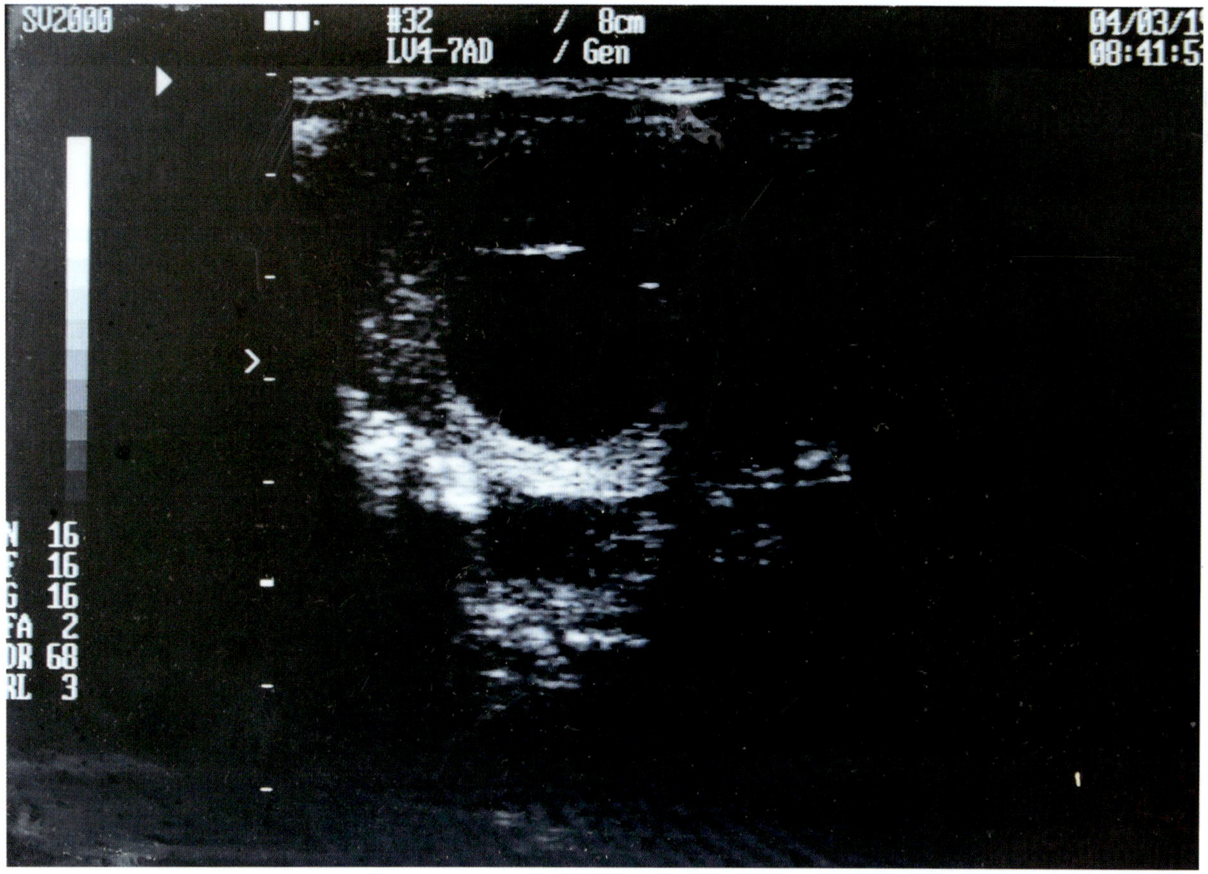
SV2000
#32 / 8cm
LV4-7AD / Gen

# — LA PREUVE ULTRASONORE

Devant la réussite d'une fécondation naturelle, l'émotion de l'équipe vétérinaire ne se compare à rien d'autre.

Surtout pas de comparaison.

Page de gauche
Sur l'écran du vétérinaire apparaît l'embryon, la jument est pleine.

# DIVERSES THÉORIES

Dans l'Antiquité, chez les Grecs, les villes envoyaient une délégation d'élus à la consultation de l'oracle. Cette procession, on l'appelait théorie. Parallèlement au sens qu'on lui accorde généralement de recherche spéculative, le terme a été repris en français au milieu du XIX^e^ siècle pour évoquer les files de turfistes se rendant, depuis la gare du Perreux ou celle de Chantilly, sur les champs de courses. « Une théorie de sportsmen », écrivait-on dans les journaux.

C'est qu'en effet, il y a à voir entre l'hippodrome et le temple, notamment parce qu'on y va quérir une réponse à une question obsédante : qui va gagner ?

Au lendemain d'un match de football qui avait mobilisé les passions, on a entendu dans une église parisienne un jeune curé s'écrier, en ce jour de Pâques : « On a gagné, Dieu est ressuscité ! »

Voilà une théorie de lourdes poulinières, toutes prometteuses, guidées par des hommes qui les mènent religieusement au pré, interrogeant les cieux sans relâche : laquelle d'entre elles mettra au monde le champion, le héros de la saison prochaine ? Qui sera le fabuleux poulain qui portera le nom de la maison à son sommet, à nouveau ?

En théorie, on ne sait pas.

# — TROIS JOURS AVANT

Elles sont grosses, lourdes, ça fait trois cent
quarante jours, trois cent quarante,
mais avant l'heure, c'est pas l'heure…

Et quand on les lâche dans le pré,
elles courent.

# — L'ATTENTE

La veille, les hommes sont là, prêts à tout,
à toute heure.

Derrière la porte, attend la vie
du Fabuleux.

Page de droite
Salle de garde
des palefreniers.

AGRITRANS - NORMANDIE
2010

# LA NAISSANCE

Tous les muscles de la jument se contractent, le fœtus glisse, elle le retient, c'est la panique de sentir son ventre la quitter, et en même temps la douleur qui ordonne de s'en défaire, de pousser, elle pousse sa peur, elle retient son ventre aimé, elle fait l'un et l'autre, en spasmes malheureux, dans cette inconscience animale qui questionne l'homme, sa compassion et ses doutes propédeutiques : qu'est-ce que la souffrance sans la conscience de la souffrance ? Et qu'est-ce que la conscience sans l'expression de la conscience ? Le véto a appris à ne plus s'interroger là-dessus, mais à attendre, vigilant et savant, que la chose se passe et comment l'accompagner.

C'est elle qui décide, c'est elle qui renonce, cède, accepte. Elle regarde ses flancs, ces monstres de douleur, elle les attaque, les mordille, impuissante, pathétique, elle tourne en rond, comme pour se coucher, elle gratte déjà le sol, se déplace, tourne encore, mais renonce, a-t-elle peur de ne pas se relever ? Elle est en eau, elle coule, s'abandonne, l'abandonne, s'ouvre, la poche des eaux se déchire, libère le liquide allantoïdien, le liquide amniotique. On attend. C'est une éternité abstraite et sans gêne, un temps déchiqueté, les soubresauts du mal, cinq minutes tragiques, et il arrive, Le Fabuleux, dans sa membrane luisante, merveilleuse et immonde, les sabots d'abord, et une oreille, la tête qui suit l'autre oreille, on tire, c'est cela qu'il faut faire, savoir le faire, doucement, fermement, vite et sans panique, extraire la vie, la joie en réflexe de fatigue, on ne sait pas, surmonter le dégoût poisseux de ces tripailles fumantes, verdâtres, pudiquement enveloppées, jetées.

Elle le lèche comme une plaie de douleur, qui passe, se change en amour, elle l'anime et l'invente à coups de langue, de ce nettoyage sort comme un pardon. Dix minutes, vingt minutes, tandis que le sang continue de circuler par le cordon ombilical. Celui-ci finira par céder quand elle se couchera pour souffrir, évacuer le reste, tout le reste, et quand il se lèvera pour conquérir cette verticalité pataude, formidable.

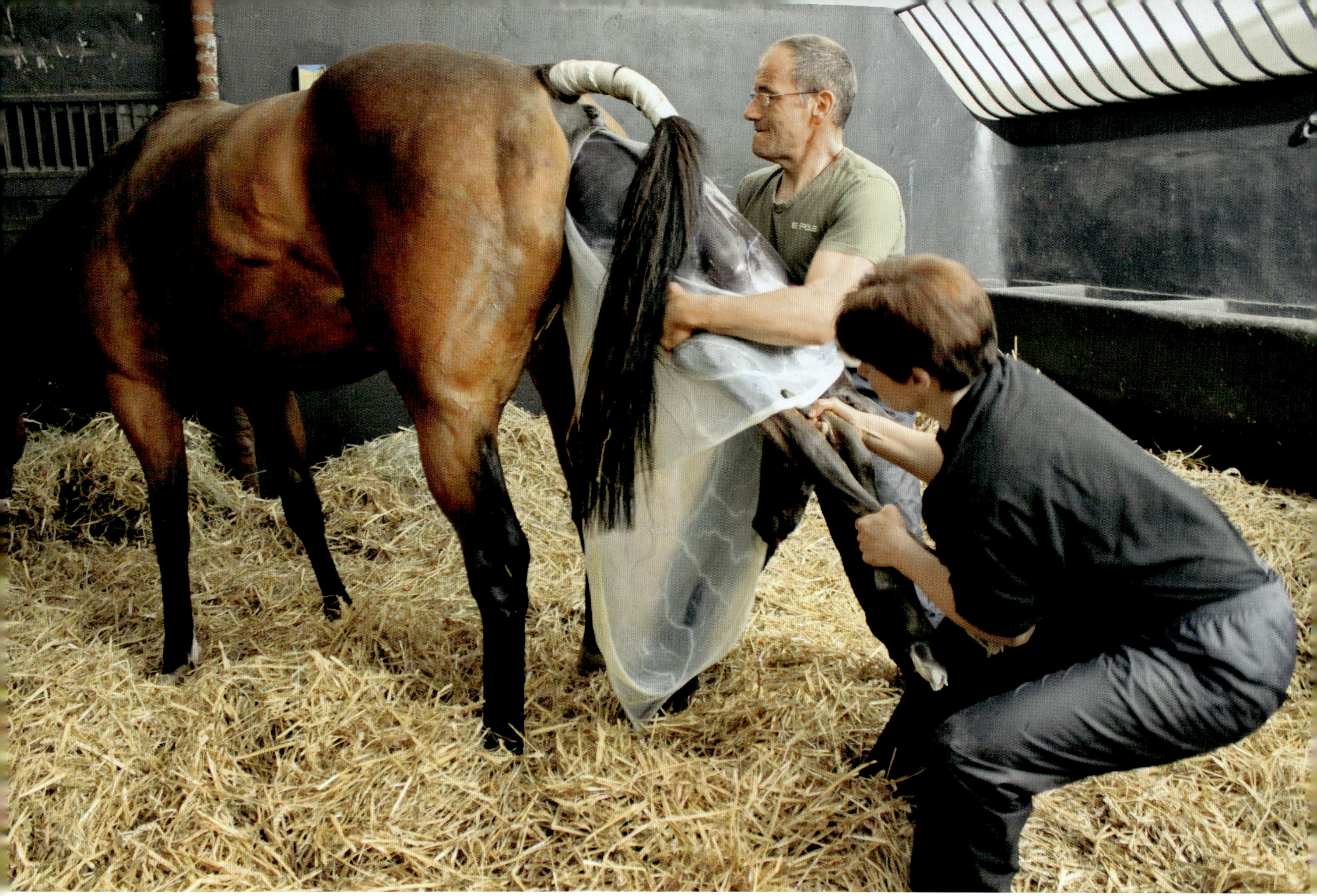

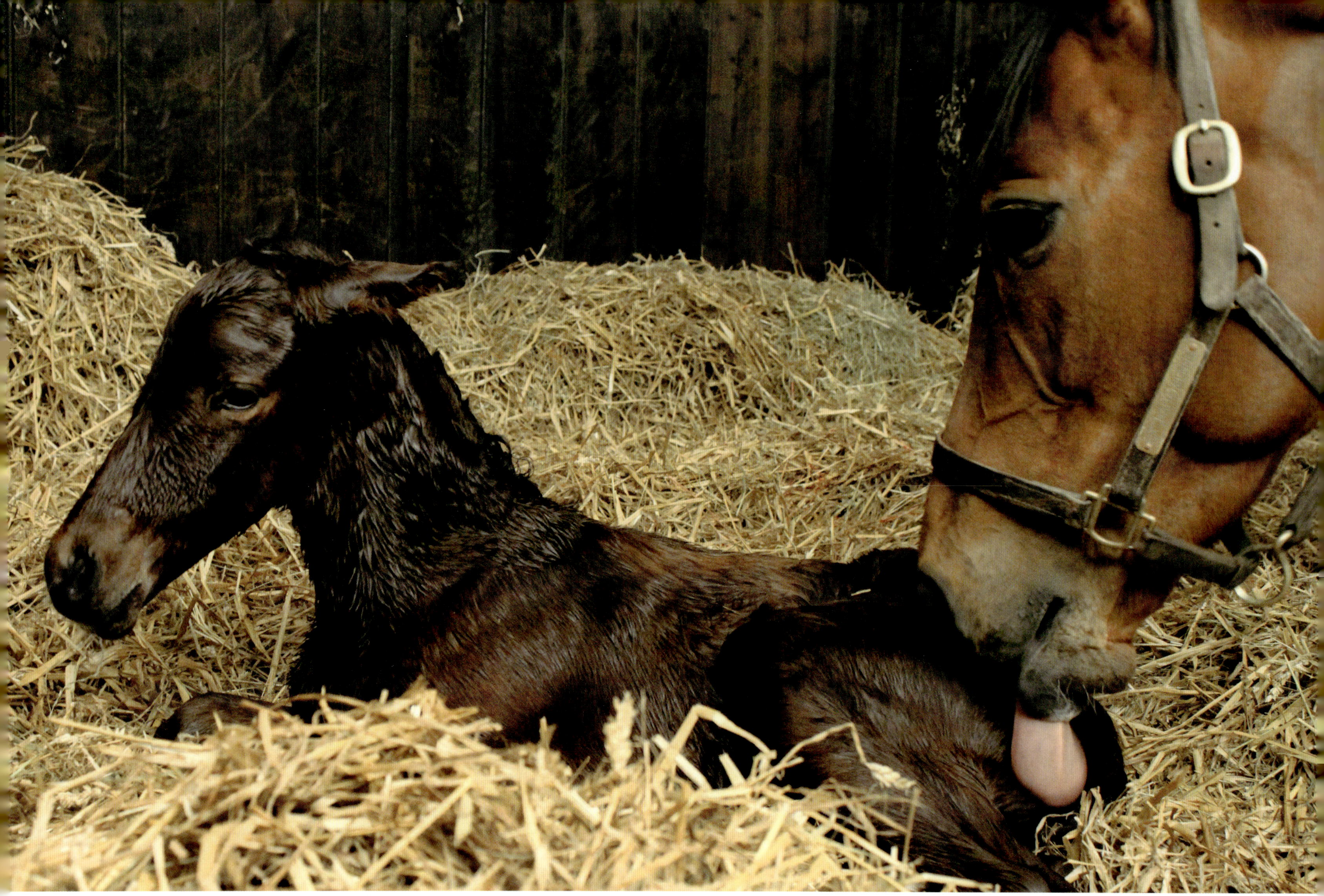

# — LA DOULEUR (SUITE ET FIN)

On sait qu'une jument va mettre bas quand les mamelles se mettent à grossir. Alors, c'est une question de jours ; deux, trois, six jours, impossible de dire. On attend.

Le terme est proche quand les premières gouttes de lait formant parfois une gomme blanche apparaissent au bout des mamelles. À partir de là, il faut surveiller jour et nuit la mère. On la place dans un box adéquat, spacieux, qui laisse assez de place pour l'intervention éventuelle d'une équipe vétérinaire et toutes sortes d'opérations qui pourraient s'avérer nécessaires. On ne quitte plus la jument des yeux. On attend. Au calme. Elle souffre. Quand le moment arrive, la jument se couche. Quand elle reste debout, c'est que la douleur est trop forte.

L'accouchement proprement dit peut durer une heure, plus ou moins. La jument finira par se coucher, pour se tordre, évacuer les eaux, mais très vite elle se remettra debout et offrira au poulain son lait.

# SEL D'EPSOM ET SAINFOIN

Le baron de Veauce, en 1848, conseillait de donner au poulain nouveau-né, futur cheval de course, « une once de sel d'Epsom ». Un nom aux vertus magiques pour tous ceux qui rêvaient de remporter le Derby d'Epsom avec leur champion. Ce n'était, et ce n'est toujours, que du sulfate de magnésium, il constitue un premier remède contre les coliques qui représentent le plus grand danger pour le cheval, à tous les âges.

Pour la jument, le même baron recommandait « une nourriture rafraîchissante, des mâches de graines de lin, quelque peu de luzerne mélangée de sainfoin si l'on est dans la saison des herbages, ou sans cela des carottes mélangées à du son frisé, et pour boisson de l'eau claire ». Qu'entendait-il par « sainfoin », et surtout comment le distinguait-il de la luzerne qui en est l'autre nom, en langue d'oc ? L'état actuel de nos connaissances linguistiques ne nous permet pas de répondre.

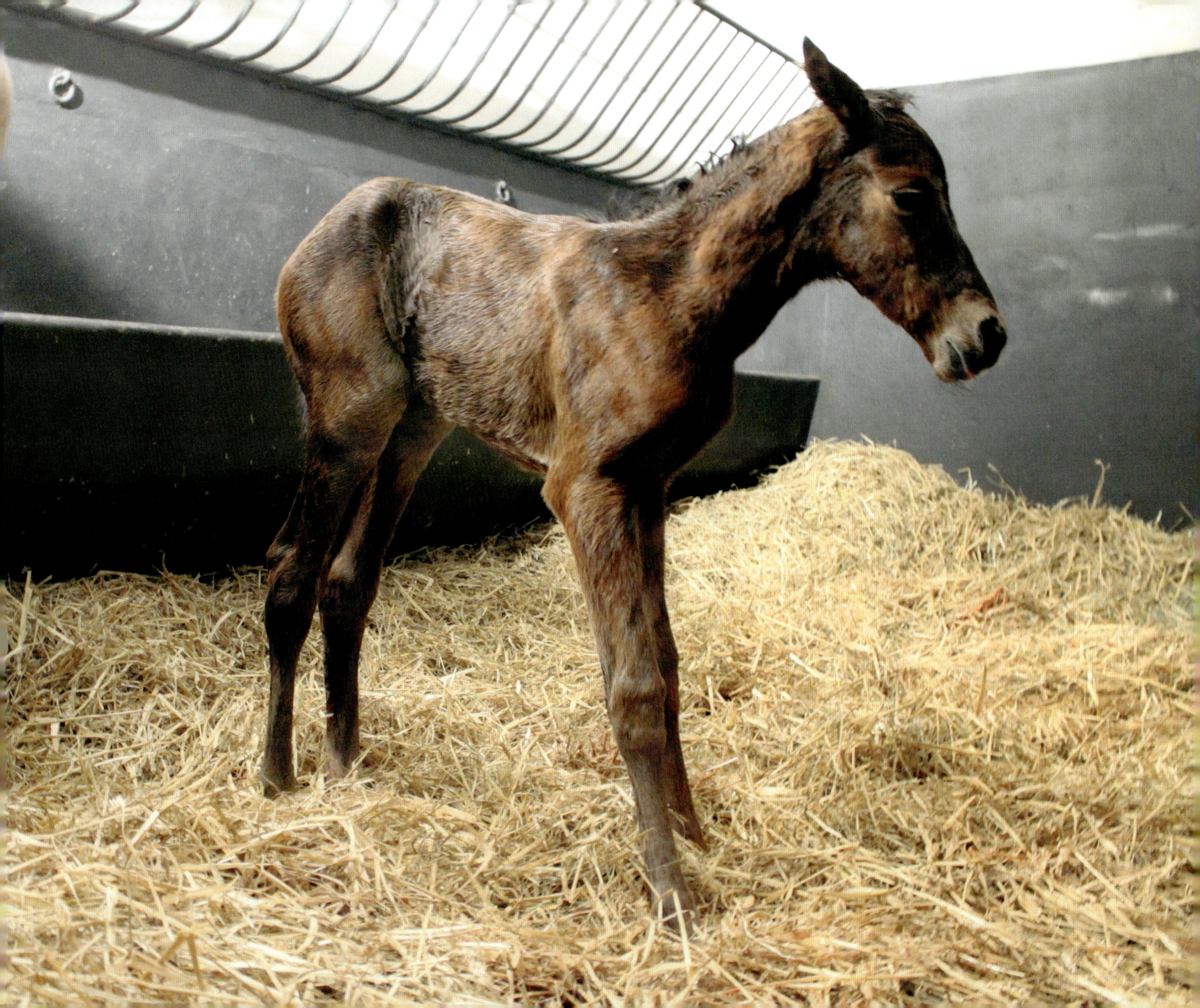

# LE LAIT

Le poulain se tiendra sur ses jambes moins d'un quart d'heure après sa naissance. Il gambadera dans le pré dans les deux heures qui suivront, ce que l'homme observe toujours comme un prodige, lui qui a mis un an avant de savoir à peine marcher.

Instinctivement, le poulain ira seul téter sa mère, même si la jument pressée l'aidera à trouver son chemin. Elle sait, il devine l'urgence qu'il y a à boire ce premier lait, appelé colostrum, et qui est un véritable élixir de vie : il contient toutes les vitamines, les protéines, et les anticorps qui vont à la fois le fortifier et le protéger des maladies. Les hommes ont cru pouvoir s'approprier le colostrum et en faire une potion magique de longévité. Plus sérieusement aujourd'hui, on s'en sert pour la production de sérum antitétanique. Le lait de jument est un peu bleuâtre, il a un goût de coco ou de noisette. On continue de lui trouver quantité de vertus thérapeutiques, et on l'utilise pour divers traitements et cures alimentaires. On devrait pouvoir en faire du fromage, mais personne n'en mangerait. Allez savoir pourquoi. En Mongolie, pourtant…

Les premiers jours, le poulain tète toutes les dix minutes. On comprend qu'à ce rythme, il grossisse très vite : en un mois, il double son poids qui est de 30 à 40 kilos à la naissance (10 % de son poids d'adulte).

# — ÉCOUTER LE CŒUR

Un entraîneur des plus célèbres résumait sa réussite en sa capacité à bien écouter le cœur des chevaux. Il allait, de ferme en ferme, poser son stéthoscope sur les poulains à vendre. Il écoutait et prétendait ne jamais se tromper sur les qualités de l'organe qui fait le champion ou pas. Les aplombs, bien sûr, il les regardait, et les oreilles, et l'œil, peut-être demandait-il aussi au lad de faire marcher l'animal dans la cour. Mais, en dernier ressort, disait-il, mauvais cœur, je laisse, bon cœur, je prends.

« De la circulation du sang dépend l'énergie qui produira la force. De cette force, l'animal tirera confiance en lui, en sa supériorité. »

Mais ça, c'était pour la presse, pour la frime ; dans la voiture, hors micro, le prophète hippique se montrait plus précis pour nous expliquer sa méthode et les raisons de son choix.

« J'écoute le cœur, le cœur du cheval, et celui du lad. »

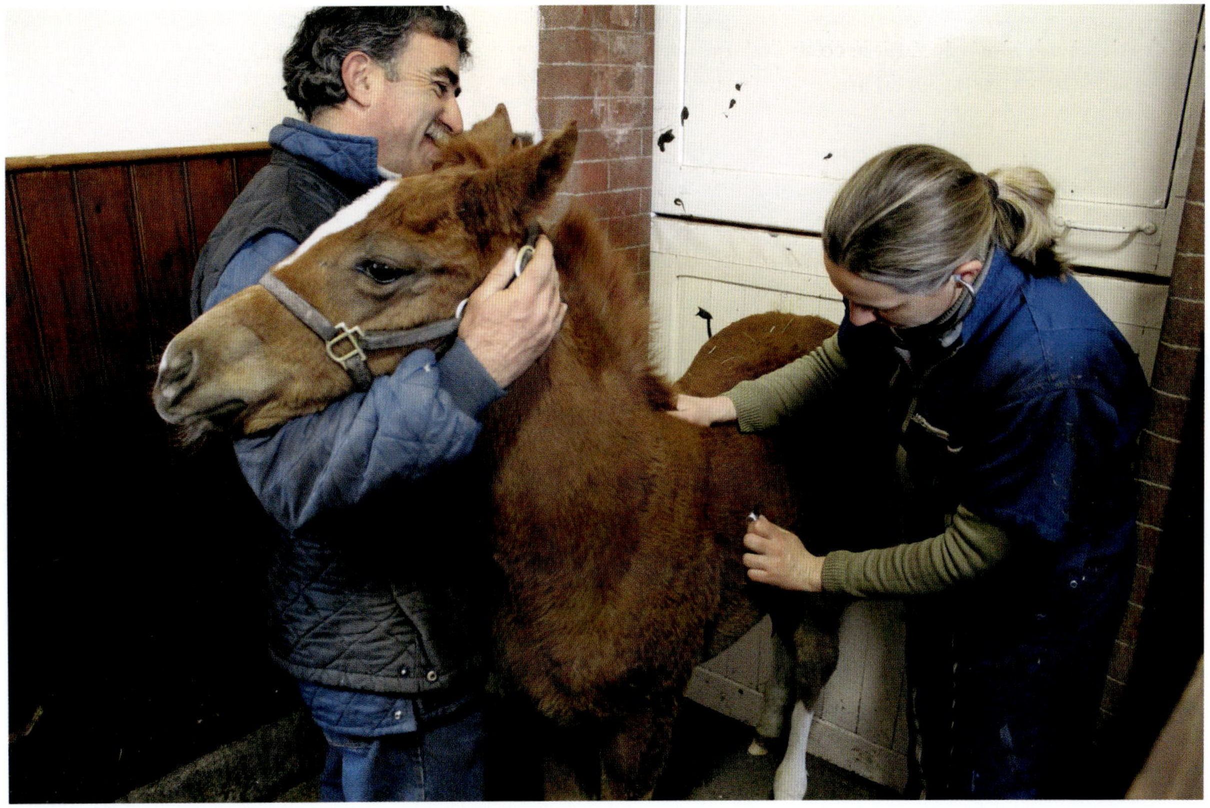

# —JOUER

Les enfants jouent, ce qui ne veut pas toujours dire qu'ils s'amusent. On trouve généralement qu'ils font ça très sérieusement. Le jeu est un des piliers de l'apprentissage. Imitation, incitation, provocation, les phases du jeu se tricotent jusqu'à ce que le vice s'en mêle : domination.

Les hommes adultes jouent comme des poulains, ils jouent à deviner le poulain qui ira plus vite que les autres, ils appellent ça parier. Leurs mères en sont toujours très agacées.

# — PHILOSOPHIE COMPORTEMENTALE

Avant le mimétisme d'appropriation, il y a l'imitation de la mère. Et comme ne le disait pas exactement Simone de Beauvoir, on ne naît pas pouliche ou jument, on devient cheval de course.

# L'OREILLE DU MAÎTRE

L'homme de cheval, devenu totalement instinctif, juge l'état de forme de ses pensionnaires à l'oreille. Il est au bord de la piste, il les regarde passer, il peut même les chronométrer, mais surtout, il les écoute. Le son dit tout. La mélopée particulière du souffle dans l'effort, le plaisir ou non qui s'en dégage.

S'il y a une gêne respiratoire, l'homme de cheval l'entendra. Si le poids des sabots sur le sable sonne lourd, si l'air que la puissance musculaire du champion déplace est brutal, gaspillage, nervosité, il faudra encore faire ceci, et cela. La vitesse est une impression visuelle, mais aussi une réalité sonore. La souplesse d'un travail du matin se reconnaît à la qualité de l'enchaînement musical des grains de sable, des fers qui les frappent, des muscles cisaillant l'azote, les naseaux crachant, la crinière sifflant au vent, de ce crin, rappelons-le, dont on fait les archers de violons.

Elle écoute son poulain passer. Elle est son premier homme de cheval, l'entraîneur par excellence, et ceux qui suivront avec leur nom sur le programme ont intérêt à posséder la même oreille, attentive, protectrice, maternelle.

# LA COMPAGNIE DES HOMMES

Le lendemain de sa naissance, parfois le jour même, le poulain découvre le pré en compagnie de sa mère. Il sait déjà marcher, il apprend à courir, il tète toute la journée et ne s'éloigne guère de la jument.

Le soir, il faut les rentrer au box. L'homme entre alors dans le pré pour les chercher, il s'approche de la jument, le poulain s'interroge, se colle encore à sa mère, laquelle n'est pas rassurée non plus : on l'a séparée de son précédent poulain, il y a peu, un déchirement. Celui-là, elle veut le garder. Elle redoute la présence de l'homme qu'elle sait pourtant inéluctable. Quant au poulain, cette journée passée seul avec sa mère lui a fait oublier l'homme qui était dans le box et l'a aidé à naître, l'a parfois sauvé.

C'est un moment clé dans les rapports entre l'homme et l'animal. De la force sans brutalité, de l'autorité sans effroi : l'homme se glisse entre la mère et son poulain, il saisit la mère par le licol, et embrasse, il n'y a pas d'autre mot, embrasse le poulain par l'encolure. D'une main il tient et résiste à l'adulte furibarde, de l'autre il cajole et rassure le nouveau-né encore tremblant sur ses jambes.

# — LE PROJET SÉCURITAIRE

C'est à la vue de ce spectacle qu'on aurait voulu arrêter le temps. Le Fabuleux était à l'abri du froid, de la faim, des méchants, à l'abri des hommes… c'était le projet : le voir grandir, forcir, et pour arriver à quoi ?

Un jour, dans moins de quarante semaines, il sera séparé d'elle, sa mère, et à jamais. Donc, tout se paie, et on n'est jamais sûr de rien.

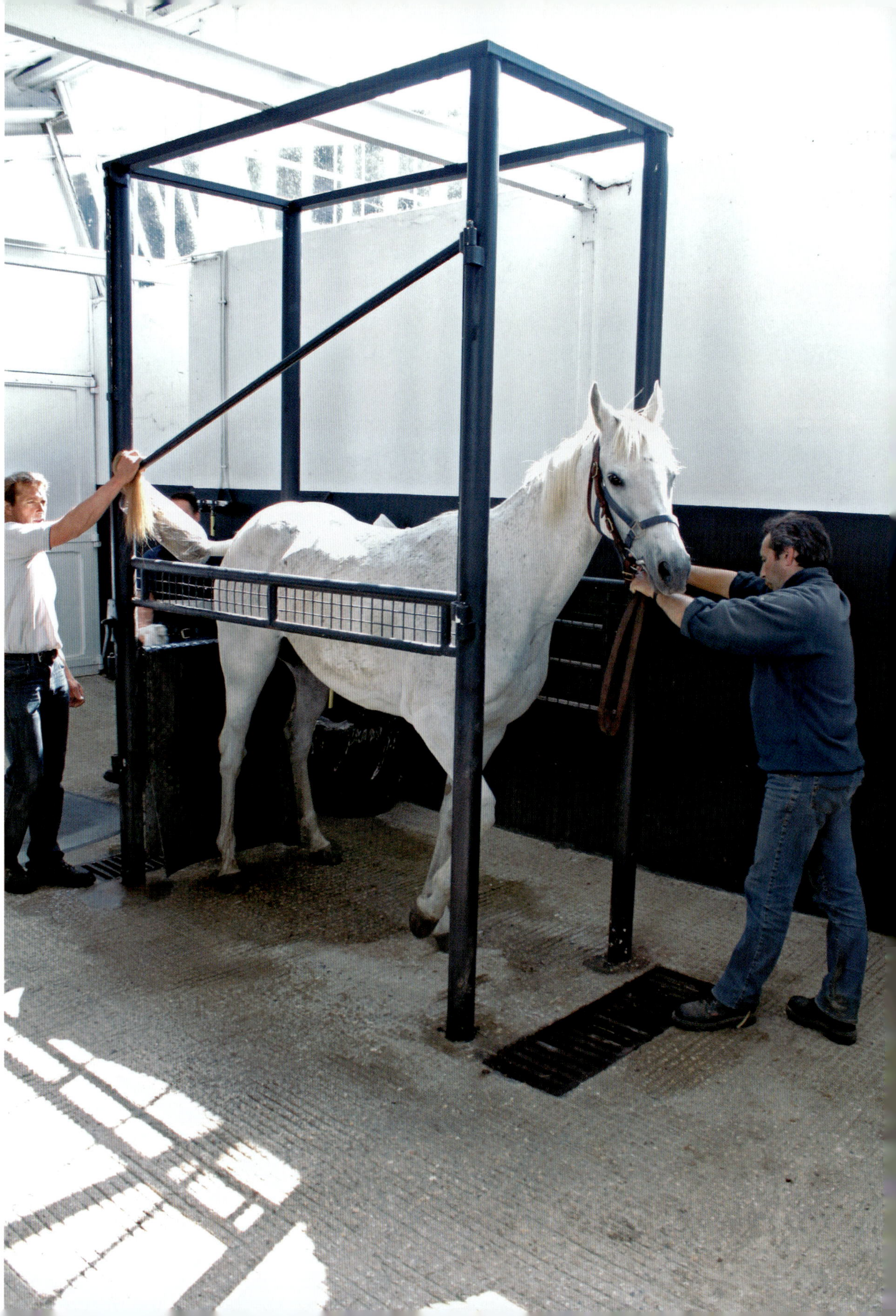

# ÉPOUSES ET MÈRES

Quelques jours après avoir accouché, les mères sont prêtes à retourner à l'étalon. Le vétérinaire vérifie la chose, scientifiquement, le souffleur donne son avis, empiriquement. On les mène alors, inquiètes, dociles, après les avoir séparées pour quelques minutes de leur poulain, au père de leur prochain rejeton.

Ça ne traîne pas, dira-t-on. C'est qu'il s'agit d'un commerce, et d'une économie fragile, qui n'autorise aucun répit de complaisance. C'est la nature au plus serré de ce qu'elle peut produire et de ce que les hommes en attendent, avides et amoureux.

# DESCENDANCE

On cherchera longtemps une explication, une logique d'où l'on pourrait tirer une règle donnant à coup sûr quelque chose de rentable. Parfois, on croit savoir, et c'est le pire. On a dit par exemple : « Il faut des étalons jeunes. » Certes, la fertilité baisse avec l'âge, mais certains étalons, qui furent d'abord de modestes compétiteurs, se sont révélés tard au haras, c'est-à-dire qu'on a mis du temps à réaliser qu'ils étaient de bons pères, car, du fait de leur petite carrière de course, on ne leur accordait que des juments passables, à leur niveau. Quelle erreur. Quel temps perdu. Le médiocre mélangé au médiocre aura moins de chance de donner du bon que l'excellence mélangée à l'excellence.

C'est ainsi que Dancing Bred, le père du Fabuleux, ne fut considéré comme digne de saillir la jeune Signalée, qu'à l'âge de 17 ans ! Après avoir passé plus de dix ans à ne lutiner que des juments de basse souche qui donnaient pourtant, grâce à lui, d'excellents et toujours meilleurs pur-sang, on a fini par lui présenter une reine du turf, lauréate de la Poule d'essai des Pouliches, courue à Longchamp.

De fait, au haras, si tout le monde attendait la naissance du Fabuleux, c'était d'abord par curiosité, pour voir le résultat de cette expérience. C'est ensuite qu'on a su qu'il s'agissait d'une divine apparition.

II.

# Vendre

# — LE B.I.F.T.E.C

On n'aime guère parler de « viande de cheval » dans le milieu des courses, on évite d'en manger, bien qu'on soit rarement végétarien et bien que l'on reconnaisse l'utilité de ce commerce pour l'économie des courses. On dira d'ailleurs sans vergogne qu'on a vendu un cheval « au prix de la viande », c'est-à-dire très peu cher, ce qui arrive parfois dans les ventes aux enchères, quand le vendeur n'a pas posé de « prix de réserve ».

Le passage en vente, c'est là où l'entraîneur, souvent courtier, intermédiaire, va engager sa réputation : le carnet de chèques ne suffit pas, il faut avoir l'œil. Une fois la main levée et le coup de marteau baissé, il n'y a plus de recours, sauf en cas de vice rédhibitoire. « Sont réputés vices rédhibitoires et donnent seuls ouverture aux actions résultant des articles 1641 et suivants du Code civil [...] les maladies ou défauts ci-après, savoir pour le cheval, l'âne et le mulet : l'immobilité, l'emphysème pulmonaire, le cornage chronique, le tic proprement dit, avec ou sans usure des dents, les boiteries anciennes intermittentes, la fluxion périodique des yeux. »

Afin de les retenir, on a eu l'idée de cet acronyme mnémotechnique : le biftec. Le b pour la boiterie, le i pour l'immobilité, le f pour la fluxion périodique, le t pour le tic proprement dit, le e pour l'emphysème.

Dans les ventes aux enchères, le vendeur est tenu de signaler ces vices à la tribune au moment de la mise à prix.

Le Fabuleux fut présenté aux ventes de Deauville en août, alors qu'il avait 17 mois. Ses origines plaidaient pour un bon prix, mais c'est son modèle qui séduisit le plus. Le commissaire-priseur fit débuter les enchères à 50 000 euros, mais tout le monde savait que le prix de réserve était beaucoup plus élevé. Trois enchérisseurs allaient se manifester : un courtier agissant pour le compte d'un prince arabe, un entraîneur français célèbre chargé par son ami ministre de réinvestir, autrement dit de perdre tout l'argent gagné avec un précédent champion acheté « une bouchée de pain » dans cette même vente deux ans plus tôt. Le troisième enchérisseur était deux amies : la comtesse de Lantier, chef d'une entreprise de prêt-à-porter, et Mme Hubsmith, héritière d'une fortune suisse. Et elles l'emportèrent, à la surprise générale. Peut-être grâce à la galanterie du ministre et du prince arabe, le premier ayant renoncé à 350 000, le second à 400 000 euros.

À la visite du matin, et ne s'y connaissant pas plus que ça, ces dames étaient tombées toutes les deux amoureuses du fils de Signalée. Elles pensaient acquérir le poulain pour 200 000 euros, mais l'amour et l'excitation des enchères, ajoutés à une pointe d'orgueil, et peut-être les deux coupes de champagne du déjeuner, tout cela fit que la comtesse et la Suissesse ne cédèrent pas, pas plus devant le prince arabe que devant le ministre français, et elles l'emportèrent sous les applaudissements du public.

Quand on aime on ne compte pas, et quand on connaît la suite, on peut dire que l'amour fait bien les choses : Le Fabuleux allait leur rapporter plus qu'un biftec.

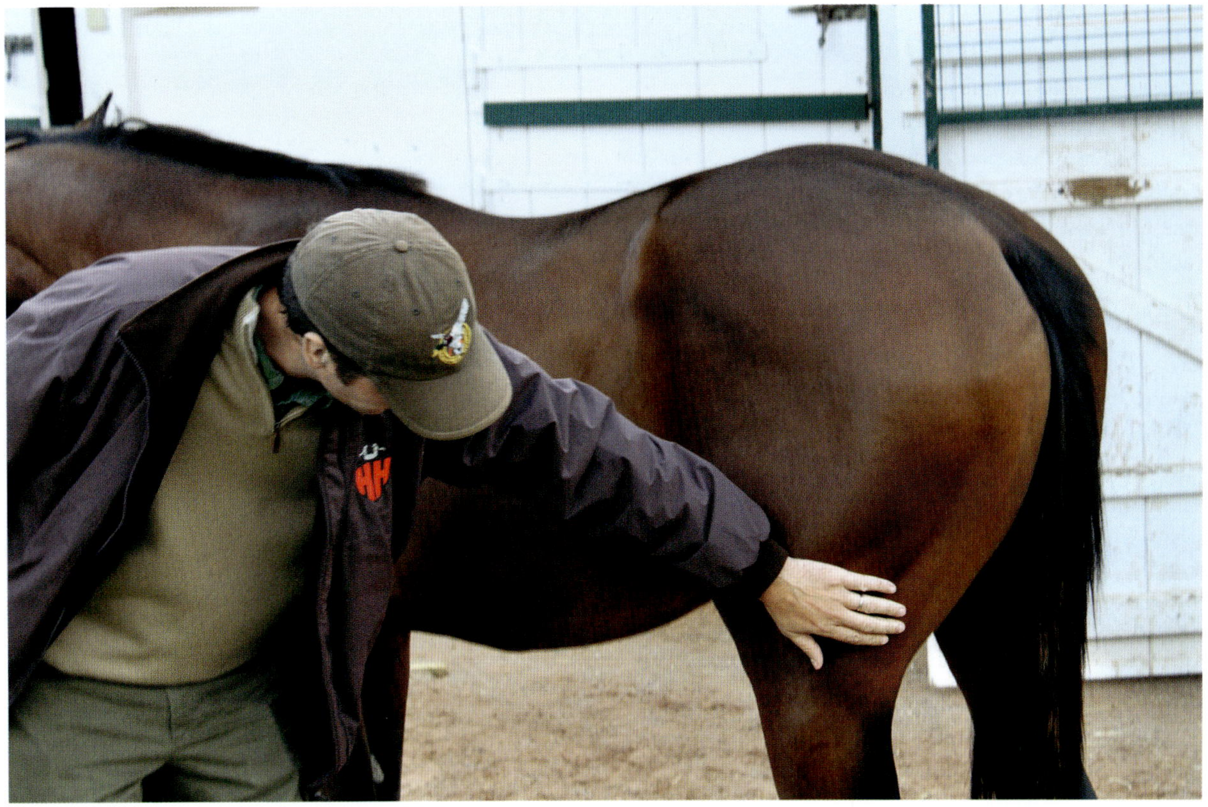

# — LE MODÈLE

C'est donc « à la vue du modèle » que nos deux propriétaires tombèrent amoureuses de l'animal. En le voyant marcher, et s'arrêter, et se tenir là, dans la pose réglementaire (l'antérieur gauche légèrement en avant du droit, le postérieur gauche légèrement en arrière du droit). C'est au mouvement de ses oreilles, à son regard, à son port de tête, à l'énergie qui s'en dégageait, une inquiétude sans crainte, une fougue sans nervosité, quelque chose comme de la fierté – c'est du moins ce qu'elles ont ressenti toutes les deux en le voyant. Tandis que l'entraîneur, puis le courtier et tous les professionnels patentés entraient dans les détails, étudiant le fond de l'œil, écoutant le cœur du poulain au stéthoscope, palpant un à un ses membres inférieurs, soulevant sabots et lèvres pour inspecter dans la bouche, nos deux amies se contentèrent de regarder l'ensemble, la silhouette que formaient ces membres, ces tissus, ces courbes et elles le trouvèrent beau.

Ci-contre
Présentation
des yearlings aux ventes
de Deauville.

Lot 249
PDATE
Snape Maltings :
+ 1 place,
Prix Magister à Maisons-
Laffitte (11/07).
49
249
04/05/09
OMAS

# — LE TRAC

La peur est du côté du poulain qui n'y
comprend rien : où suis-je, et pourquoi ?

L'angoisse est du côté de l'éleveur :
va-t-il plaire, et jusqu'où ?

Le trac est du côté des acheteurs :
est-ce que c'est lui, et combien ?

Ce sont les acheteurs qui montent sur scène,
se dévoilent, prennent tous les risques
du spectacle.

Double page précédente
Les écuries
de l'hippodrome
de Deauville.
Page de droite
Au rond de présentation
de la salle des ventes
de Deauville.

141

# — CHOISIR D'ÊTRE CHOISI

Il y a ce qui est écrit sur le catalogue : les origines, le nom (la réputation) de l'éleveur, il y a eu la visite le matin (auscultation, analyse du modèle), restent l'entrée en scène, l'impondérable, la rivalité des acheteurs, et puis, le coup d'œil magique qui transforme la connaissance et l'expérience en passion : « parce que c'était lui, parce que c'était moi », dira le dernier enchérisseur.

Il s'est vendu ce jour-là cent vingt-deux poulains et pouliches, pour cent quatre-vingt-deux présentés à la vente. Le prix moyen fut de 160 000 euros, avec un « top price » à 770 000 euros. C'était une très bonne vente.

Page de gauche
L'entrée sur le « ring » de la salle des ventes de Deauville.

# — COMBIEN TU M'AIMES ?

Pour l'éleveur qui a imaginé la rencontre entre le père et la mère du Fabuleux, qui a assisté à la saillie, un matin de février, et qui s'est réjoui, quinze jours plus tard, de savoir sa jument pleine, qui en a surveillé la grossesse jusqu'à l'accouchement, et pour tous ceux qui ont vu grandir le poulain, l'ont nourri, habitué à l'homme, qui l'ont déjà un peu dressé, et soigné, et surveillé chaque jour, la vente est à la fois le crève-cœur et le jour de gloire.

Le Fabuleux fut vendu à Deauville le 15 août, aux fameuses « ventes de yearlings ». Il fallut le faire monter dans le van pour la première fois, le faire voyager. Le haras n'est pas très loin de Deauville, c'est fait exprès. Et puis on fit descendre le poulain, on l'installa dans le box que la compagnie de ventes lui avait assigné. Pendant deux jours, le pur-sang fut visité, ausculté par les uns et les autres. Il dut entrer et sortir de son box, marcher devant ces messieurs, devant ces dames, faire le beau. Au loin, on entendait la voix nasillarde et empressée du commissaire-priseur qui égrenait les euros par milliers, centaines de milliers. Et puis ce fut son tour. On lui colla un numéro sur la fesse, et en route pour le « ring ». La salle des ventes proprement dite. Pour passer « au feu des enchères » devant une foule de cinq cents spectateurs, pas tous acheteurs, loin de là, mais curieux de voir défiler ces montagnes de muscles au prix de l'or. Et des journalistes du monde entier attendant le record qui leur permettra de faire la Une, attiser les envies, asticoter les dépits d'un lectorat oublieux auquel on resservira les mêmes phrases grandiloquentes l'année prochaine.

« Vous ne le laissez pas partir à moins de 150 000 », avait demandé l'éleveur au commissaire-priseur. On aimait Le Fabuleux, on était prêt à le garder, en dessous d'un certain prix. Quitte à le faire courir sous les couleurs du haras.

HARAS
D' ETREHAM
LOT 118

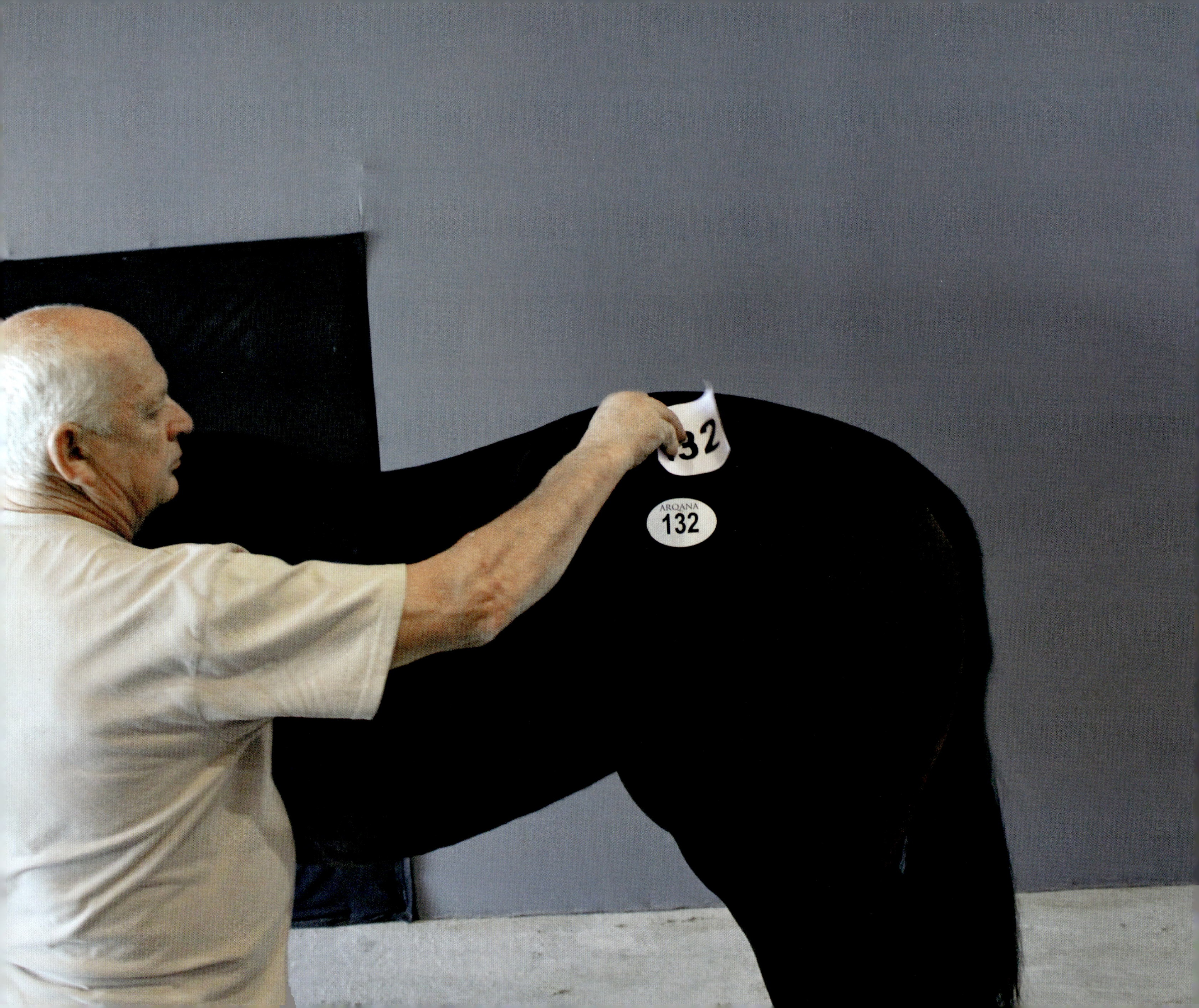

ARQANA
132

# — VENDU

La comtesse de Lantier et Mme Hubsmith ont donc acheté Le Fabuleux. Et maintenant, que vont-elles en faire ? L'installer dans leur hôtel particulier de l'avenue Henri-Martin ? Il faut lui trouver un entraîneur. Pourquoi pas celui qui enchérissait contre elles tout à l'heure ? S'il semblait intéressé par l'animal, il devrait l'être encore après qu'il lui a échappé. C'est la comtesse qui se charge de la démarche, car elle connaît un peu l'entraîneur en question qui entraînait les chevaux de son oncle, dans le temps.

– Ce serait avec plaisir, chère amie, mais imaginez que votre poulain, qu'à Dieu ne plaise, s'avère meilleur que ceux du même âge que j'ai achetés et que j'entraînerai pour le compte du prince ?
– J'ai compris, c'est non. Tant pis pour vous.

Car la comtesse n'a pas l'habitude de se voir refuser des propositions, elle se vexe rapidement.

On décide de faire appel à M. Tête. Les Tête sont jockeys et entraîneurs à Chantilly de père en fils et depuis 1880. Dans leur cas, on ne parle plus d'hommes de cheval mais d'hommes cheval. Ils sont nés au milieu des chevaux, ils savent en reconnaître sinon au premier coup d'œil, au second, les qualités, les défauts, le caractère. Ils n'ont même pas eu à l'apprendre, on est là comme dans une famille de musiciens : ils ont tous l'oreille exacte, les Tête ont tous l'œil et l'oreille justes.

– Avez-vous de la place ?
– J'ai toujours de la place pour un bon cheval.
– Nous l'avons acheté 400 000 euros...
– Ha ! Ha ! L'argent... Non, madame la comtesse, vous ne me convaincrez pas avec ça. Je n'ai pas vu votre poulain, mais je sais où il est né. Une maison sérieuse. J'appellerai le régisseur dans la journée et selon ce qu'il me dira, je vous donnerai ma réponse.

C'est après ce coup de téléphone décisif que Le Fabuleux fut envoyé chez M. Tête, entraîneur à Chantilly, qui n'allait pas le regretter.

III.

# Dresser

# DOMPTER

Le Fabuleux est né en mars. On l'a séparé de sa mère en décembre. En septembre, c'est-à-dire à l'âge de 18 mois, il est dressé et débourré. On l'envoie pour ça chez un homme de l'art, comme en pension, pour faire ses humanités, c'est-à-dire apprendre ce que l'homme attend de lui.

Dressage et débourrage sont l'orthographe et la grammaire d'une belle carrière. L'homme parle, le cheval écoute. Cent fois seront répétés les mots qui attisent, mille fois les cris qui apaisent.

En trois jours, tout est dit. En dix jours, Le Fabuleux a tout compris.

# — LE MORS NE MORD PAS

Le Fabuleux entend, il a des oreilles, il voit, il a des yeux, et aussi extraordinaire que cela puisse paraître, il parle, il a une bouche, ou du moins il communique avec l'homme, et pour ça il y a le mors.

Nous avons affaire à un animal bien docile pour accepter de garder en travers de la bouche ce morceau de métal qui va lui tirer à droite, lui tirer à gauche, en avant, en arrière.

Mais le dresseur est un animal de douceur, de tact, de patience : il va faire accepter au cheval cet instrument de torture comme un outil de communication.

# — UN ATTACHEMENT

Le contact se fait aussi par des aides :
la voix, le mors, la longe.

La longe, aussi longue soit-elle, aussi loin qu'elle place l'homme, n'atténue jamais le contact. Elle lui donne au contraire une dimension vertigineuse, comparable chez l'être humain à l'apparition du surmoi. Et au théâtre, à la distanciation brechtienne. Ou quelque chose comme ça.

Si Le Fabuleux voulait devenir cheval de cirque, et quand même on supprimerait la longe, la longe serait toujours là, virtuelle, souvenir du premier jour où il a appris à obéir à distance : trot, galop, pas, arrêt…

# — LES PATTES ET LES JAMBES

Si on ne trouve rien entre les pattes d'un cheval (la fortune), il semblerait que le bien parlé équestre commence entre les jambes. Dire jambe et non patte serait la marque de ceux qui respectent l'animal, en font l'égal de l'homme. Mais quand l'homme se met à quatre pattes, ressemble-t-il à un cheval ? Et quand le chien tend sa pa-patte, ne fait-il pas le singe ? Le rêve de bipède hante-t-il les nuits des chevaux qui dorment debout ?

Quoi qu'il en soit, les jambes, comme les pattes, demandent protection, soin, attention, écoute, auscultation permanente. Bandages, guêtres, cloches, fers, emplâtres, bains, massages, quand ce ne sont pas des infiltrations, des feux et autres tentatives désespérées de changer le cristal en acier. L'homme est tellement obsédé par les pattes de son cheval qu'il en oublie les jambes. Tout serait dans la manière de dire et surtout de s'y intéresser.

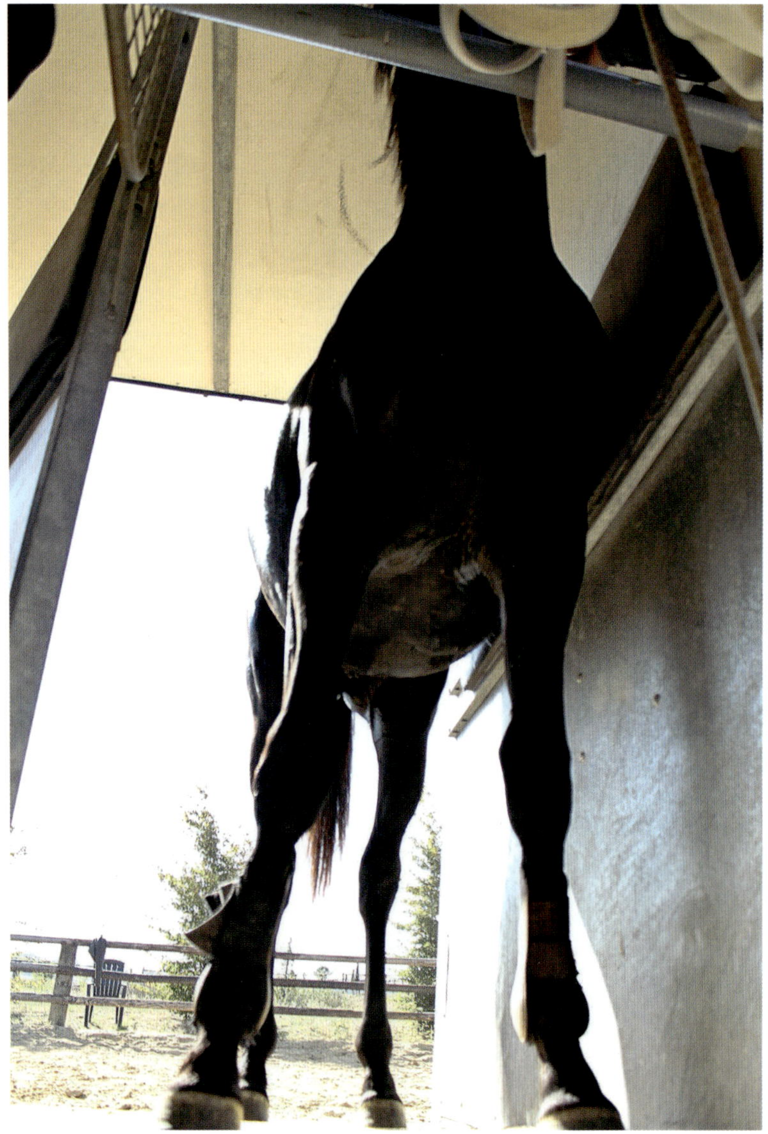

Ci-dessus
À l'intérieur du van.

VILLADOLIDE

# — CHEVAL-VAPEUR

Le cheval de fer, autrement appelé le train, ou le chemin de fer, a porté un coup dur à l'espèce équine. Mais l'automobile fut un coup encore plus rude. Chassé des villes et des campagnes, le cheval n'a trouvé refuge que sur les hippodromes, lesquels continuent aujourd'hui de résister comme autant de petits villages gaulois peuplés d'irréductibles Bretons, autrement appelés turfistes, ou sportsmen.

Les gènes du Fabuleux se souviennent-ils du long massacre perpétré contre ses ancêtres durant le siècle de la bagnole ? Au dresseur de l'amener au pardon. Avec force, calme et une patience infinie : le travail peut prendre plusieurs heures pour faire grimper un pur-sang à l'intérieur d'un van. Indispensable épreuve, car Le Fabuleux va devoir voyager souvent pour se rendre à Deauville, à Longchamp, à Chantilly, partout où la gloire l'attend. Or, la panique, l'énervement, quelques heures avant une course, c'est la défaite assurée. Le champion aura assez d'adversaires à battre sur le turf pour ne pas avoir à engager une lutte perdue d'avance contre un camion transporteur.

« Il a fait sa course dans le van », entend-on parfois. On voit en effet le cheval sortir du van en sueur, paniqué, tremblant. Ça n'est pas qu'il est claustrophobe, c'est qu'il a été mal dressé, ou qu'il a besoin d'un cours de rattrapage. Il n'est jamais trop tard, curieusement. Car le cheval peut acquérir de nombreux repères ; s'il redoute la douleur et la reconnaît, il n'a pas de « mémoire sentimentale », ça n'est pas un animal psychologique. Il peut être dressé à 18 mois, à 5 ans ou plus tard, avec le même succès.

Après avoir montré sa capacité de colère, sa force de refus, Le Fabuleux s'approche du van. Il sent, regarde, écoute, et avant de se décider à entrer, il frappe violemment le plancher à l'intérieur de la remorque pour en évaluer la solidité. Plusieurs fois.

Une fois le soupçonneux monté dans le van, le dresseur lui fera subir toutes sortes de petits désagréments, fermeture de porte, démarrage de moteur, et puis il le fera redescendre, et remonter, jusqu'à ce que Le Fabuleux sache qu'il n'a plus rien à redouter du van et qu'il y soit comme dans un salon.

# SUPER COOL

Le thermomètre à stress s'appelle la queue. Il faut qu'elle soit souple et se laisse soulever par la main de l'homme : c'est le signe que le cheval est tranquille, qu'il a confiance, et qu'on va pouvoir lui demander autre chose.

# LE DIABLE HORS DE SA BOÎTE

Il arrive parfois que le jour de la grande course, le champion refuse d'entrer dans sa boîte. On essaie tout, d'abord les pousseurs, à deux, à trois, et un quatrième qui le tire par la bouche. Rien à faire. Alors, on l'aveugle avec une cagoule qui fait atrocement penser à celle qu'on enfile sur la tête des condamnés à mort. Quand tout a échoué, il faut renoncer à la course. Trois mois de préparation, de soins, d'entraînement, trois années d'espoirs réduits à néant à cause d'une prétendue « phobie du départ », qui n'est en réalité, la plupart du temps, qu'un défaut de dressage. Quel dommage. Quel gâchis. Surtout quand on pense qu'un champion comme Le Fabuleux n'aura pas souvent l'occasion de disputer une course dotée de 3 ou 4 millions d'euros, comme le Prix de l'Arc de Triomphe.

Mais sans aller à ces cas extrêmes, il est fréquent de voir un cheval rétif devant les boîtes de départ. Et si on parvient malgré tout à le faire entrer dedans, c'est au prix de combien de stress, de sueur, de perte d'énergie. Comment ne pas penser que tout ça va influer sur un résultat qui se joue parfois à « un nez » ?

Une séance chez le dresseur, devant les stalles de départ, prend environ une demi-heure. C'est toujours le même procédé, selon les mêmes principes de calme et de patience : on approche le cheval de l'appareil, on lui laisse le temps de comprendre, on lui parle, on le caresse. Le travail est fait « à la main », c'est-à-dire sans cavalier. Le cheval finit par entrer dans la boîte comme il a fini par entrer dans le van. La porte de derrière se referme et quelques secondes plus tard, la porte de devant s'ouvre. L'instinct le fait jaillir.

Le jour du Prix du Jockey Club, Le Fabuleux n'aura pas besoin de pousseur pour entrer dans sa boîte. Il sera le premier à en sortir et prendra ainsi la meilleure place à l'intérieur du peloton. Son talent fera le reste.

# — QUELQUE CHOSE EN PLUS

Il y a le contact physique, celui de la main, qui caresse, sans claquer, celui de la baguette, qui touche, sans frapper, celui du corps du dresseur, qui se colle, roule son bras autour de l'encolure, sous le ventre, et passe la main partout, jusqu'à ce que Le Fabuleux en éprouve, sinon du plaisir ou du confort, de l'indifférence, une habitude, une tolérance qui va le préparer, demain, au contact suprême : la selle, que le dresseur va d'abord devoir faire sentir à l'animal.

Un nouveau travail commence, le même qu'hier, mais avec une selle sur le dos, comme s'il l'avait toujours portée.

# — À LA BAGUETTE

Se servir de la baguette pour caresser, pour dire des choses, en signaler certaines, en corriger d'autres. C'est dans ce dernier verbe qu'est née la confusion : corriger, punir, frapper, voilà à quoi les méchants, les imbéciles et les impuissants utilisent ce petit morceau de bois. Preuve qu'il n'est pas de mauvais outils, mais de mauvais ouvriers.

Le dresseur fera cingler sa baguette tout près de l'oreille du poulain, qui ne manifestera pas la moindre crainte, comme s'il écoutait de la musique.

On en revient à la communication : la baguette est un nouveau moyen d'expliquer à l'animal ce qu'on lui demande de faire. Maintenant, le cheval obéit au doigt, à l'œil, à la voix, et à la baguette. Il obéirait à autre chose si on trouvait quoi.

Obéir serait-il la seconde nature du cheval ? C'est le pari du dresseur.

# UNE AUTRE VIE

Le Fabuleux peut quitter le collège, il a passé tous ses diplômes.

Le dresseur a-t-il deviné en lui un champion ? Il n'a pas pris le risque de le dire à sa nouvelle propriétaire : « Votre cheval est sain, a-t-il seulement commenté. Une puissance musculaire hors du commun. Mais vous connaissez ses origines, ça ne doit pas vous étonner [...] Non, comtesse, il n'est pas "intelligent". Il est mieux que cela : calme et dynamique. Il a été très bien élevé. Il peut continuer de grandir et commencer l'entraînement. C'est à Chantilly qu'on vous dira ce qu'il vaut [...] Non, il n'y a pas eu de frais supplémentaires : 1 000 francs pour la semaine [...] C'est beaucoup et rien du tout. »

IV.

# Entraîner

# — LA NUIT DES TEMPS

Il n'est pas d'année sans que les archéologues repoussent un peu plus loin dans le temps l'apparition de l'homme, ou la première utilisation des outils. On passe de deux à trois millions d'années comme on rectifie une sauce d'une pincée de sel. C'est meilleur comme ça. Depuis quand l'homme et le cheval vivent-ils ensemble ? Découvrira-t-on un jour que leur mutuelle domestication remonte « à la nuit des temps » ? Leurs silhouettes en ce matin de printemps semblaient à ce point incrustées dans l'éternité qu'on aurait même douté de l'invention du casque à pompon et de la cravache. L'homme à cheval est une image qui remonte, c'est sûr, au brouillard des origines.

C'est d'ici que part la rumeur. Dans la brume bavarde des chuchotements matinaux. Le bruit a couru depuis le haras, porté par le van, les coups de téléphone allusifs, les phrases en suspens : Le Fabuleux arrive, Le Fabuleux est là, Le Fabuleux ceci, Le Fabuleux cela. Rien que ce nom, qui l'a choisi ? Pourquoi ? Pas un hasard.

Ci-contre
Au centre d'entraînement de Chantilly, un matin.

# — RENCONTRE ET MEETING

Ici aussi, l'amour dure trois ans, au maximum.

Le poulain arrive après le dressage, vers l'âge de 18 mois. Il est entraîné six mois, parfois plus, avant de courir pour la première fois sur l'hippodrome.

La carrière de course d'un pur-sang se compte en meetings (meeting de Deauville, meeting de Longchamp), elle dure deux ou trois ans, rarement plus. La routine n'aura pas le temps de s'installer entre l'homme et le cheval.
De la passion pure.

# — UNE DÉCISION

Ce matin, le patron a appelé Jack, 16 ans et demi, prétentieux comme un paon, tous les défauts de l'enfant gâté, et farceur avec ça. Mais depuis six mois qu'il est là, malgré ses pitreries, ses sourires narquois : pas une erreur. À cheval comme au box, impossible de lui reprocher quoi que ce soit.

Ce matin, le patron le prend à part, il le fixe droit dans les yeux : « Tu vas prendre Le Fabuleux. » Jack sourit, comme s'il s'y attendait, comme s'il savait qu'un jour ou l'autre, « le chef » viendrait lui dire ça et que ça lui arracherait un peu la gueule de le dire.

N'importe quel lad aurait répondu : « Merci, m'sieur », pas Jack. Après son sourire, limite impoli, le jeune apprenti se fend d'un « OK, chef » et va chercher le poulain dans son box. Il le prépare en sifflotant, le selle et le sort.

Le chef les observe. Pourquoi a-t-il choisi Jack, il ne cherche pas à le comprendre, il y a des choses qu'un entraîneur doit faire sans réfléchir, celle-ci en fait partie. Il pourra toujours le lui retirer si les choses vont mal.

Il eût été sans doute plus prudent d'appeler le vieux Georges ; mais ce n'est pas toujours la prudence qu'il faut rechercher dans les courses.

La première rencontre entre le poulain et son jockey du matin est cruciale. Certains garçons s'y prennent très mal avec les jeunes poulains, soit qu'ils soient trop gentils, trop rudes, pas assez ceci, pas assez cela, il n'y a pas de règle, c'est le mystère des chimies animales.

Le Fabuleux n'est pas un poulain comme les autres, et Jack non plus n'est pas un apprenti comme les autres, voilà comment l'association s'est imposée dans la tête du chef : Le Fabuleux avec Jack.

Maintenant, il va falloir gérer la jalousie des autres, et l'amertume du vieux Georges.

# — LE COUP DE FOUDRE

À première vue, Le Fabuleux n'a rien de plus que les autres. Il n'est pas plus grand, il n'a pas le plus beau poil. Il est différent des autres, certes, et toutes sortes d'expressions ont circulé dès qu'il est arrivé : « il est spécial », « il a quelque chose de plus », « c'est un drôle »… On palliera le manque de vocabulaire avec des onomatopées et des sifflements, mais ce sont les regards, les expressions du visage qui parleront le mieux. C'est aussi le corps du jockey, sa façon de se tenir, de se dresser avant d'aborder Le Fabuleux, le langage d'un amour physique dans lequel Jack sera à la fois dompteur et fauve. Moins de paroles que de frissons. Une histoire commence que rien n'arrête, pas même l'intuition que ça finira mal.

La violence de ce qu'il ressent, Jack prend ça pour un pressentiment de victoire. On est superstitieux dans les courses.

Sur le dos du Fabuleux, Jack s'accroche à ce qu'il y a de plus fragile en lui : « Je suis jockey, je suis jockey », se répète-t-il, comme à la cantine pour s'empêcher de manger, et rester maigre.

Avant d'être un grand jockey, une vedette, il faut d'abord monter correctement Le Fabuleux le matin. Mais c'est en montant des bons chevaux qu'on devient bon. Et en montant des mauvais qu'on devient amer, rancunier, mauvais. Il n'y a ni justice, ni égalité dans les courses, mais de la chance et le génie de la saisir.

Si Jack devient un grand jockey, un jockey fabuleux, il le devra en partie à un cheval nommé Le Fabuleux. Mais il ne montera pas Le Fabuleux en course. Jack n'est qu'un apprenti de talent, même s'il a déjà remporté des courses, une douzaine, à Chantilly, à Saint-Cloud, et même s'il s'est fait remarquer, si on commence à l'appeler de l'extérieur pour monter des chevaux, il n'a pas encore l'expérience, la stature, pour monter un cheval comme Le Fabuleux. Le jockey de la maison, c'est Philippe Saint-Robin, dit Fifi, 30 ans, un palmarès des plus enviables auquel il ne manque que l'Arc de Triomphe. Question de chance. Une certaine absence de génie, pensent certains… comme Jack. Il y a trois ans, Fifi aurait dû l'emporter avec I Put a Spell on You, arrivé troisième, trop tard. Une course imperdable, ont dit les uns. Un sortilège, a consolé le prince qui remportait tout de même la course avec un autre cheval. Fifi ne sera jamais un génie, a toujours pensé M. Tête, mais c'est un type sur lequel on peut compter, plus que sur les autres.

« Moi, je suis un jockey fabuleux », la phrase fait refrain et Jack sourit de cette vanité enivrante. Un sourire de gosse que M. Tête a surpris en regardant passer le couple qu'il a formé. Le chef observe la façon dont les deux « se déplacent », au pas, au petit galop, et décidément, non, rien ne s'oppose à cette union.

# — LES PREMIÈRES SUÉES

« Le matin de la suée, on ne fatigue pas le cheval et on lui permet de boire un peu plus que de coutume ; puis, vers le milieu de la journée, on le couvre du nombre de suaires ou camails nécessaire, et on le mène sur le terrain d'exercice.

Le cheval est d'abord promené au pas par le lad, qui lui donne de temps à autre un léger galop ; alors le jockey paraît, s'assure que les couvertures sont bien placées, enfourche le poulain et le lance au galop pendant 4 000 ou 5 000 mètres.

Aussitôt la suée reçue, le cheval est ramené à l'écurie ; on lui ajoute encore des couvertures, puis le lad enveloppe ses membres avec de la flanelle.

Après un quart d'heure de transpiration, on découvre le cheval avec précaution, on gratte son poil au moyen de couteaux de bois, pour faire tomber la sueur, on l'éponge et le sèche avec des serviettes.

Ces premiers soins effectués, l'entraîneur fait donner un vigoureux pansage au poulain : on lui lave les yeux, les naseaux, la bouche et les oreilles avec de l'eau fraîche et vinaigrée ; on lui bassine les pieds à l'eau chaude, on lui graisse les sabots et, après une courte promenade, on le laisse se reposer tranquillement dans son box sur une épaisse litière. Le lendemain, l'entraîneur vient juger des effets de la suée et voit si le cheval supporte bien ce genre d'entraînement.

[...] Certains entraîneurs ont abandonné ce procédé ; il est encore en usage dans de grandes écuries et mérite d'être cité. »

Fernand Gabriel Laffon, *Mœurs actuelles du Turf*, 1896.

# — LES SAISONS ET LES AUTRES

Nous sommes au début de l'hiver, c'est la première sortie en forêt pour le poulain. Plus qu'une promenade, moins qu'un travail, c'est aujourd'hui qu'il va prendre la mesure des autres.

On dirait l'entrée à la grande école. Des doutes sur sa force, Le Fabuleux n'en a pas. Sur son génie, aucun non plus. Simplement, au cours de cette matinée cruciale en compagnie des autres, sa force prendra ou non la forme d'une domination, son « génie athlétique » deviendra ou non une supériorité.

Il est dans la file, sans y être. Il fait la même chose que les autres, mais pas de la même façon.

Le patron observe, compte les pas, l'amplitude des foulées, il écoute le souffle au retour du petit galop sur la piste en sable. Il se souvient et compare le temps de récupération par rapport à son père, et au grand-père de sa mère, qu'il a tous les deux montés en course, jadis. Il écoute le cœur du poulain. Sans lui poser de question, il regarde dans les yeux du gosse, une lueur qui en dit long.

On compte cent vingt mille naissances de pur-sang par an dans le monde, dont cinq mille en France. Mille six cents vont courir à 2 ans. Le Fabuleux sera de ceux-là, c'est certain, parce qu'il est bon et suffisamment précoce. Il est déjà inscrit pour les grandes courses, Poule d'essai, Jockey Club, Arc de Triomphe, la comtesse a prévenu son amie que cela allait leur coûter un peu d'argent. Du bon argent, du pari merveilleux. Plusieurs centaines de pur-sang sont engagés dans ces grands prix, un an à l'avance. Seuls une quinzaine prendront part à la course. L'argent de ces centaines d'inscriptions viendra gonfler la prime offerte au gagnant du grand prix. Comme cela se faisait dans le temps, avant que les paris ne soient réglementés, taxés, pour devenir la source principale du financement des courses.

M. Tête entraîne plusieurs poulains engagés dans ces grandes courses, mais Le Fabuleux est son meilleur espoir. Après ce premier galop, il sait qu'il va maintenant devoir contenir son impatience, celle de Jack, et imposer les mots de prudence : « Doucement », « Promenade », « Petit galop », « Sagement », « Derrière les autres », « Décontraction ». L'apprenti et son patron vont devoir vivre et vibrer sur leur intuition pendant des semaines, tendre les nerfs, sans rien lâcher. Les fourmis dans les doigts. Et quand la comtesse et son amie viendront les voir, au bord de la piste, Jack devra leur sourire du haut de son destrier, et M. Tête ne devra pas en dire trop. Quelque chose du genre : « Pour l'instant, tout va bien. »

# — LE CUIR

Licols, rênes, brides, œillères, selles, cravaches, c'est en cuir, ça vit, ça survit à la mort de la bête dont on a retiré, tanné, découpé la peau. Le cuir continue de respirer longtemps après la mort de l'animal et assure la communication entre l'homme et sa monture. Une sorte de parole passe par ces lanières bientôt imprégnées de sueur, détrempées de pluie, gelées, chauffées, tordues, usées, inusables. Une parole, pas seulement les ordres.

Le licol est la première phrase que l'homme adresse au cheval : « Tu es à moi. » Plus tard, si le champion en vaut la peine, s'il est méritant, victorieux, l'homme fixera sur ce licol une plaque en cuivre avec le nom du cheval gravé.

On a essayé le chanvre, le caoutchouc, le plastique, on est revenu toujours au cuir. Il y a des matériaux que l'économie n'arrive pas à réduire.

# — LE REPOS

Le cheval dort debout. Ça n'est pas dans son box qu'on pourra juger de l'intensité de son sommeil, mais dans le silence qui envahit alors le domaine : le calme dans l'écurie, l'air en apnée, presque angoissant, l'immobilité des pistes, le vol d'un corbeau, le crottin broyé par la herse, et dans la sellerie, la respiration des cuirs, la sueur du front qui sèche à l'intérieur des casques, la peur laissée par les mains moites sur le manche des cravaches. Les selles dessalent leur écume animale. Un chien aboie. Un avion passe. Il est 15 heures. Torpeur et digestion. Les autres sont au spectacle, aux courses de l'après-midi, ils sont partis avec le vent, les ordres, les claquements de sabots dans la cour. Jack a emporté Le Fabuleux dans le camion avec le bruit du moteur, ses chances de vaincre, sa cote écrasante, son instinct de victoire, et sa rage au milieu de la foule et des cris. Mais ici, plus rien ne bouge. On attend le résultat.

La victoire fera pousser un cri dans le local administratif où les lads qu'on croyait endormis regardent la télévision des courses.

ROSSI

GPA

RGG

# L'ÉQUILIBRE

Le Fabuleux est « fait ». Bien élevé, nourri comme il se doit, parfaitement dressé, après deux longues années de travail humain sur sa personne, il a retrouvé ce que ses père et mère lui ont transmis, l'instinct de compétition. L'éleveur, l'acheteur, l'entraîneur, Jack, et même Philippe Saint-Robin venu le monter le matin à l'entraînement : ils ont jugé ses aplombs, bons, le maréchal-ferrant a mis la dernière main, le dernier coup de lime qui parfait son équilibre.

Il s'agit maintenant de lui faire perdre cet équilibre.

Sur les tableaux de Géricault, les gravures de Carle ou Horace Vernet, on voit le jockey bien assis sur la selle, les pieds enfoncés dans les étriers, la jambe à peine fléchie. Le cavalier se tient droit, le dos un peu en arrière, les bras tendus par les rênes, les épaules arrondies, une posture répondant à de mystérieux canons d'élégance que l'Amérique de l'efficacité va abolir en moins de deux saisons.

Tout part de la prohibition des jeux de loteries, de casinos et de courses de l'autre côté de l'Atlantique : les cabarets et hippodromes sont mis en faillite, les jockeys et les entraîneurs se retrouvent au chômage. Certains passent le Rio Grande où ils connaîtront une gloire mexicaine. D'autres, plus ambitieux, moins polyglottes, traversent l'Atlantique, s'installent en Angleterre, et aussi en France : on leur a dit que les courses connaissent un succès formidable ; les chevaux de la IIIe République seraient même en passe de battre les pur-sang de la reine.

Le 9 octobre 1898, à Longchamp, le jockey américain Tod Sloan provoque l'hilarité générale en se présentant en piste : « Le singe ! » Le fou a remonté ses étriers de 30 centimètres, il n'est même pas assis sur sa selle, comme si elle ne lui servait à rien, il se tient penché en avant au-dessus de l'encolure. « Un singe qui montre son cul ! », « Un crapaud à l'affût ! » En tout cas, de l'avis unanime et gaulois, c'est affreux. Ce qui ne l'empêche pas de gagner, et c'est la révolution : deux ans plus tard, tous les jockeys ont adopté cette monte qui semble être la seule façon de le battre. Le plus curieux, c'est que cette monte américaine devient aux yeux des railleurs d'hier et des puristes turfistes d'aujourd'hui, d'une élégance exemplaire.

Que l'homme est oublieux : cette façon de monter en repliant les jambes et en restant suspendu au-dessus de l'encolure, on la pratiquait un siècle et demi plus tôt en Angleterre et peut-être en France. Cette position fut naturellement adoptée par les jockeys américains, tous noirs, esclaves tout juste affranchis, cependant que le vieux continent croyait se donner des airs de noblesse en faisant monter ses jockeys à l'image de ses gravures de mode. Il n'est pas impossible que les peintres que nous admirons tant, Horace et Carle Vernet, Alfred de Dreux et J. F. Herring, aient aussi contribué à fausser le naturel. Il faut voir la manière fort peu réaliste dont ils peignaient les galops : les quatre jambes écartées, comme en vol plané un mètre au-dessus du sol.

Mais pourquoi la monte américaine donne-t-elle de meilleurs résultats ? Tout d'abord, elle épargne au dos du cheval les coups portés par les fesses du jockey à chaque foulée. La suspension exercée par les jambes du jockey répartit le poids de celui-ci dans l'espace et dans le temps. Le cheval se sent plus libre. Mais surtout, en déplaçant le centre de gravité de l'animal vers l'avant, le jockey le force à ramener ses antérieurs et à les relancer plus vite comme pour se rattraper d'une chute. Les foulées sont plus fréquentes, la vitesse augmente. C'est dans cette prise de risque que Le Fabuleux et son jockey vont lier leur destin. Ils triompheront des lois de la gravité et repousseront les limites de la vitesse.

# PANIQUE

Le pur-sang est aussi délicat que puissant. On le compare à un bolide automobile de formule 1 que le moindre caillou sur la piste, la plus petite fraction de seconde d'inattention du pilote peut envoyer dans le décor.

Un rien trouble le pur-sang dont chaque gramme de muscle est compté, chaque centimètre de nerf est tendu. Le déclic d'un obturateur au bord de la piste, le craquement inopiné d'une feuille morte sous les pieds d'un inconnu, la floraison soudaine d'un massif de fleurs, tout est source d'inquiétude.

Le cheval entend tout, sent tout, voit tout avant son jockey. C'est à ce dernier de répondre à la surprise et à l'incompréhension par une sérénité, un aplomb, qui aura valeur de réponse, d'explication.

Tirer sur la bouche du cheval ne fait qu'ajouter la douleur à la crainte. Et c'est alors que naît la panique.

En course comme à l'entraînement, le moindre instant de panique constitue une perte d'énergie considérable et parfois un handicap insurmontable.

Ce jour-là, à l'entraînement, Le Fabuleux a senti la peur chez l'autre, mais une autre espèce de peur, insidieuse, invisible : la peur de perdre. Première élimination. Sans lutte. Juste les nerfs. Et Jack sourit, Le Fabuleux est calme, c'est quelqu'un comme lui, en somme.

# — LES FERS

Jadis, à Chantilly, chaque écurie avait son maréchal-ferrant, qui avait ses secrets et les gardait pour la maison. Ce temps-là est révolu, sauf chez M. Tête, où le maréchal travaille en exclusivité, même s'il peut lui arriver exceptionnellement d'aller donner un coup de main chez le voisin. Il a suffisamment à faire avec les quatre-vingts chevaux qui sont ici, à l'entraînement.

Le mot de maréchal, devenu mystérieux, n'est pas d'origine militaire, contrairement à ce qu'on imagine. C'est l'armée qui l'a emprunté au civil. Le *marescal*, en latin, est l'artisan qui ferre les chevaux. Ce n'est qu'au XIIe siècle, que le terme « maréchal » passe dans le langage militaire pour désigner l'officier préposé aux soins des chevaux. L'importance prise ensuite par la cavalerie fait du maréchal le grand officier général des armées.

Dès lors, comment nommer l'artisan qui bat le fer, le met au feu, le trempe, le pèse, le lime, l'ajuste au sabot du cheval, le cloue, le lime encore un petit coup ? Pour ne pas le confondre avec un maréchal, on lui ajoute le participe présent de ferrer : ferrant. Ainsi le maréchal-ferrant est un pléonasme vivant, mais indispensable. Sans lui, pas de pied, et sans pied un cheval n'est rien.

Elles sont nombreuses, infinies, les maladies du pied. De la simple gêne à la boiterie rédhibitoire, qu'elles soient provoquées par une bleime, un clou de rue, une crapaudine, une ostéite, une seime ou une fourbure, elles unissent l'entraîneur, le vétérinaire et le maréchal-ferrant dans la même angoisse.

Un jour, sur l'hippodrome de Deauville, un entraîneur qui présentait deux pur-sang dans deux courses différentes, décida de leur ôter les quatre fers. Ils remportèrent tous les deux leur course avec quinze longueurs d'avance, à des cotes élevées, car leurs performances passées ne laissaient pas présager de tels exploits.

Était-ce le poids ? Non : il y a longtemps qu'on a réduit au minimum le handicap pondéral de ces fers, qui ne sont plus, en fait, que des aluminiums ultralégers, d'à peine 100 grammes chacun. Si le handicapeur compte une longueur par kilo, les quatre fois 100 grammes des fers n'expliquent donc pas les quinze longueurs d'avance.

Alors quoi ?

Lorsque l'on déferre le pied d'un cheval, le « coussinet plantaire » qui se trouve sous le pied, au centre, entre directement et violemment en contact avec le sol au moment de la course. Or, ce coussinet est un tissu sanguin très serré, sa compression active une véritable pompe sanguine qui envoie au cœur un flux de sang inhabituel, auquel le muscle cardiaque répond par une accélération, automatiquement suivie d'un appel respiratoire. Le surplus d'énergie qui en résulte ne doit rien à l'allégement de ses pieds, et rien non plus à la qualité intrinsèque du cheval. C'est une sorte de dopage mécanique.

Autant dire qu'il fut immédiatement mis fin à cette expérience. Du moins sur les hippodromes de galop.

Le Fabuleux ne courra jamais déferré. Il n'aura d'ailleurs pas besoin de ça pour être supérieur aux autres. Le Fabuleux se contentera d'un équilibre parfait d'un pied à l'autre. Un équilibre que M. Tête surveille du matin au soir, et que Jack éprouve à travers les rênes et dans le balancement spécifique de sa monture. Le cheval parle aussi avec ses pieds.

# LE FROID

À l'état naturel, le cheval n'a pas froid. Il est capable d'endurer des températures de -40 °C avec des vents à 60 km/h avant de manifester sa gêne et de chercher un abri. Il restera alors immobile, attendant que ça se passe.

Il en va différemment pour le cheval de course. La dépense d'énergie due à l'effort physique le rend plus sensible aux basses températures. Il est menacé par ce qu'on appelait jadis « la maladie du lundi » et qu'on nomme aujourd'hui « le coup de sang », avant de retrouver peut-être un jour un terme plus scientifique : la myosite. Une myosite est une raideur musculaire, consécutive d'une saturation des fibres musculaires en glycogène et acide lactique. Elle est due à une mauvaise gestion de la récupération après l'effort. On l'a appelée « maladie du lundi », parce qu'elle survient après un dimanche de repos, lui-même succédant au violent effort physique du samedi de courses.

Une course se prépare dès l'arrivée de la précédente.

Le cheval de course n'est pas fait pour courir l'hiver. Chantilly, aux mois de novembre, décembre, janvier, février, c'est le bois dormant. Il faut cependant sortir l'animal, maintenir sa condition physique, l'aider à grandir, l'habituer à porter l'homme, le muscler en douceur. Lui apprendre son métier, comme on dit. Mais se garder de lui faire mal.

Or, quand la température descend en dessous de zéro, l'oxygène se faisant plus rare, les particules d'air sont plus agressives, et même à la promenade, même au petit galop de chasse, le cheval respire plus, plus vite, et ces particules d'air, plus nombreuses, peuvent provoquer de petites lésions sur les muqueuses, la trachée, les poumons, des micro-hémorragies qui entraînent parfois des saignements.

L'hiver est le temple de la prudence, du calme. Et savoir attendre.

Il faut aussi penser à protéger le ventre du cheval qui est un animal sensible au niveau du tube digestif. Ne pas lui donner à boire glacé, au risque de provoquer des coliques. Les coliques, facilement soignées chez l'homme, sont souvent mortelles chez le cheval.

Mais ce que le froid produit de plus dangereux pour le cheval de course, c'est la dureté du sol. Le bruit des pas indique à M. Tête l'état du terrain aussi bien qu'un appareil à mesurer la pénétrabilité de la piste. Le choc ressenti par le sabot au contact d'un sol dur va résonner dans tout le corps, et courir le long des os, il les fera vibrer, les mettra à l'épreuve. Autant d'usure pour l'avenir. Tout est une affaire d'équilibre, de mesure : l'os se fortifie sous les efforts, mais s'épuise à la violence de ceux-ci. Évitons les chocs inutiles d'une piste d'entraînement trop dure.

Il y a des sols souples en superficie, à la faveur d'un redoux, mais durs quelques centimètres plus en profondeur, car le gel des jours précédents, ou de la nuit, n'a pas encore libéré la terre, ni le sable, ni l'argile.

Ce jour-là, M. Tête a repéré chez Le Fabuleux un défaut dans sa façon de se déplacer. Ce petit temps de retard dans la pose du postérieur droit n'est visible que par l'œil savant de l'homme de cheval. Jack a senti quelque chose, lui aussi, qu'il ne pouvait pas expliquer, un léger malaise dans la foulée. Quelques mots échangés entre les deux hommes : une visite chez le maréchal s'impose.

# LE SABLE THÉRAPEUTE

Fin mars, à Saint-Cloud, se dispute la première course de poulains de 2 ans, le Prix du Début. Les mâles portent 58 kilos (poids du jockey, de la selle, du tapis et de la cravache), les femelles 56,5 kilos. Mais les mâles montés par des apprentis jockeys sont avantagés de 3 livres, ce qui les place à égalité avec les femelles montées par des jockeys professionnels (on devient « pro » après avoir remporté cinquante courses). Ce n'est pas pour ça que l'entraîneur a décidé d'engager Le Fabuleux dans le Prix du Début, et qu'il a choisi de le confier à Jack : Le Fabuleux n'est pas à un kilo et demi près. On a vu qu'il était précoce, la rumeur a eu le temps de se répandre depuis six mois qu'il est arrivé au centre d'entraînement. À la lecture des engagés, il semble qu'un certain nombre de grandes écuries aient renoncé à y présenter leur meilleur poulain, comme si Le Fabuleux faisait déjà peur.

Trois jours avant la course, en rentrant de son dernier travail, on l'a emmené près du rond de sable. Il a tout de suite compris ce qu'on attendait de lui, peut-être avait-il vu les autres à l'œuvre, ou le sable l'a-t-il inspiré, en tout cas, il s'est couché, comme le faisaient son père et son grand-père, et du plus loin qu'on remonte, ils ont tous fait ça dans la famille : il s'est roulé sur le dos, soulevant la poussière et se tortillant comme un ver. C'est ainsi que, depuis la nuit des temps, les chevaux se massent le dos. De l'autokinésithérapie, en quelque sorte. Il suffisait de lui offrir un rond de sable pour qu'il retrouve ce geste naturel.

# LA DOUCEUR DU SACRÉ

Encore du temps perdu, un truc qui ne sert à rien. Peindre la girafe, peigner Le Fabuleux, lui faire des tresses et lui mettre des pompons, à quoi bon ? Et si la victoire dépendait de ces gestes désuets, traditionnels ? La victoire est un nirvana que l'on atteint par la religion du turf, et toute religion est faite de rites. On se demande même parfois si ce ne sont pas ces rites qui produisent le sacré. Le soin porté à cette crinière, la fierté d'être beau, propre et remarqué au rond, qui dira l'importance de ce qui est transmis au cheval et qui le met en confiance, sous pression ? On connaît l'influence du battement d'aile du papillon amazonien sur les tornades de sable en Mauritanie. Quand même on prouverait que le cheval n'est pas coquet, on n'enlèvera pas à l'homme le plaisir de le présenter comme un prince. Au moment de la victoire, le souvenir du lad coiffeur remontera jusqu'à ce geste exécuté dans le silence du box, à quelques minutes de l'embarquement, de la procession, du pèlerinage. Et au bout des doigts, le fourmillement du travail bien fait.

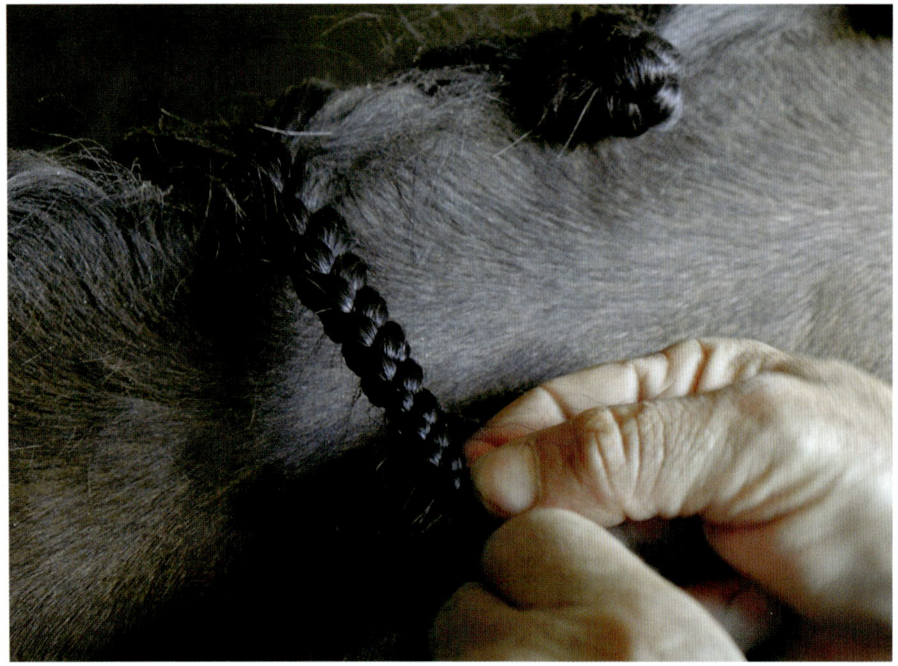

V.

# Courir

15

# — LE PASSAGE DE SANGLE

Il y a plusieurs manières de peser un cheval, car il faut peser les chevaux : s'ils prennent du poids, c'est un signe de bonne santé, s'ils en perdent, ce n'est pas forcément qu'ils dépérissent.

Pour peser un cheval, on peut le faire monter sur une balance, celle-ci donnera un chiffre irréfutable. Mais on n'a pas toujours une balance à bestiaux sous la main. En mesurant le passage de sangle (le tour de la cage thoracique) au plus serré, c'est-à-dire au moment de l'expiration, on peut calculer le poids grâce au barème qui a été mis au point par Lon Lewis : un passage de sangle de 164 centimètres correspond à un cheval de 364 kilos, tandis qu'un passage de sangle de 192 centimètres correspond à un cheval de 545 kilos. Ça ne marche pas avec les poulains. Et pas non plus pour les chevaux de course à l'entraînement. Pour ces derniers, il faut mesurer la longueur du cheval et la mettre en relation avec son passage de sangle, selon un barème mis au point par C. L. Carroll et P. J. Huntington. Ainsi, Le Fabuleux mesurant 165 centimètres entre la pointe de l'épaule et la pointe des fesses, et comptant un passage de sangle de 170 centimètres, on estima son poids le matin de la course à 425 kilos. Ce qui n'était pas garanti, et qui, de toute manière, ne l'empêcha pas de gagner sa deuxième course, à Saint-Cloud. À la plus grande joie de la comtesse qui se prend à y croire, et n'en dort plus. Mme Hubsmith a promis de revenir de Genève pour la prochaine course, quelle que soit la date. Elle a téléphoné au jockey de la maison, Philippe Saint-Robin, pour le féliciter, elle aurait aimé qu'il lui parle du cheval, psychologiquement, mais Philippe est un taiseux. Il monte, il gagne, il ne sait pas dire pourquoi, comment, et c'est aussi ce que M. Tête apprécie chez lui. Ce n'est pas un métier d'intellectuel. On a vite fait de passer pour un prétentieux à trop commenter ses victoires.

« Le cheval était parfait. L'équipe avait bien travaillé », voilà ce qu'il convient de dire. Un peu frustrant.

# POUSSER LA BÊTE

Déjà, en arrivant sur l'hippodrome, les chevaux sentent l'herbe et se tendent. Le « turf » est leur turbin, mais c'est aussi toute leur enfance au haras qui revient. L'odeur de l'herbe, c'est leur madeleine de Proust. Mais quand ils la voient, quand il s'agit d'entrer en piste pour se rendre au départ, on ne les tient pas longtemps. C'est parfois dans ce premier coup de reins que le turfiste parieur va conclure l'étude des chances respectives des concurrents. Un rapport entre les nerfs et les muscles, le moral et la force, et l'équilibre du jockey, aussi, parce que c'est un départ de bolide.

Arrivé devant les boîtes, le cheval accepte d'entrer ou n'accepte pas. Dans ce cas-là, on fait appel à des pousseurs. Mais le plus fort des hommes n'arriverait pas à pousser un cheval qui tient un peu de l'âne quand il ne veut pas y aller. Là aussi, c'est un souvenir d'enfance, de poulain, lorsque l'homme avait encore la force pour lui. Mais d'une époque à l'autre, il s'agit moins d'un forceps que d'une caresse rassurante : « Rien dans cette boîte, rien entre ces brancards vétérinaires n'est fait pour te blesser. » Mais ça ne marche pas toujours, il faut alors retourner à l'école… du dresseur.

Page de gauche
Hippodrome de Longchamp, l'entrée en piste.

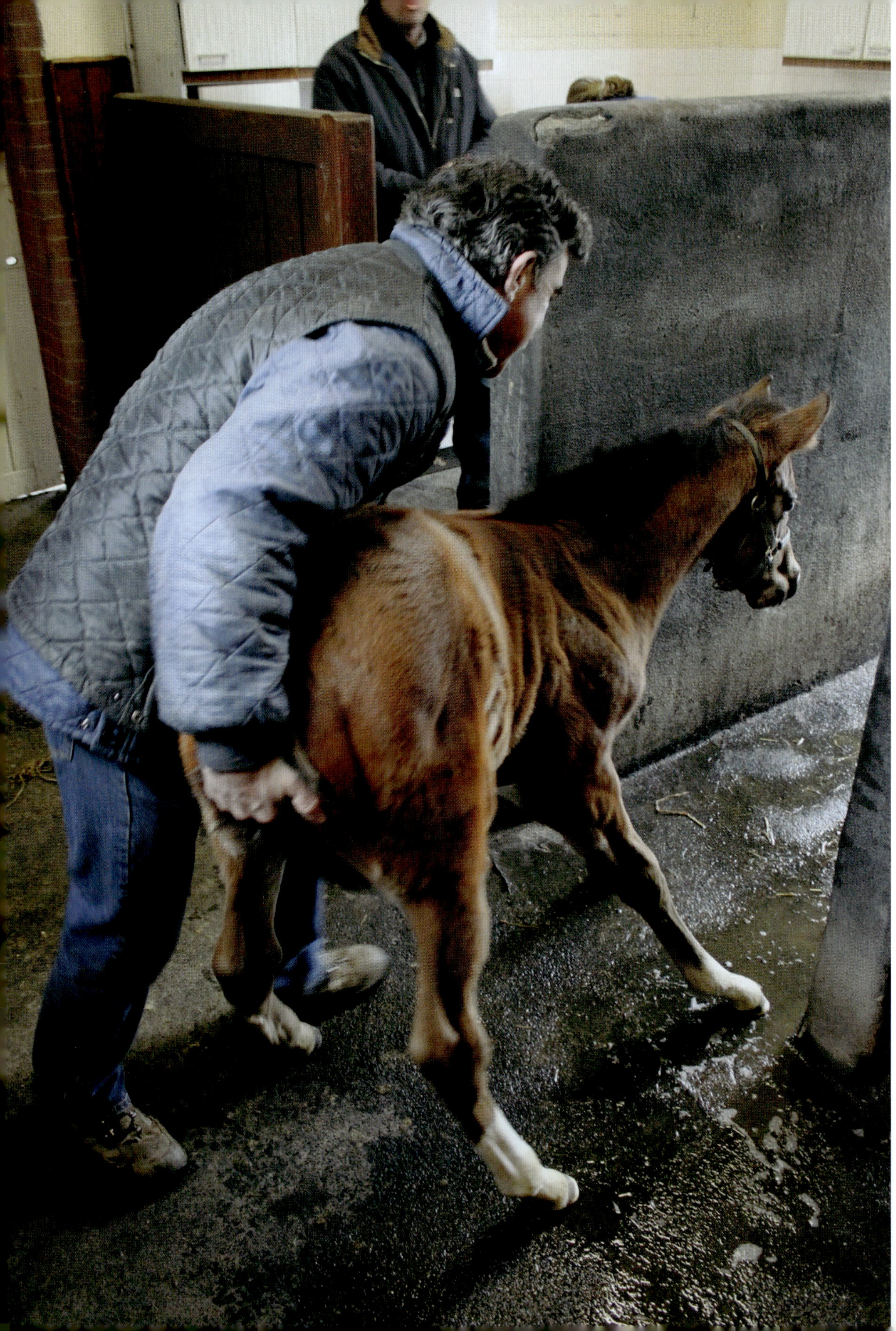

GROUPEMENT TECHNIQUE
HIPPODROMES PARISIENS
GROUPEMENT TECHNIQUE
HIPPODROMES PARISIENS
GROUPEMENT TECHNIQUE
HIPPODROMES PARISIENS
5
9

# — PARTIR

Au commencement on dit « le verbe », mais ici c'est le fracas des portiques qui s'ouvrent sur le vide du gazon : il s'étale presque à l'infini, vert et vertigineux. La violence de l'ouverture des boîtes bloque la respiration de l'animal qui entre en apnée, il n'en sortira que vainqueur ou par le malheur.

Le système des stalles de départ, aujourd'hui généralisé, égalise les chances des chevaux. Pourtant, après 50 mètres de course, certains ont déjà pris une longueur d'avance sur d'autres qui ont hésité, ou trébuché. Pour ceux qui n'ont pas immédiatement « sauté dans leur train », le temps perdu devra se rattraper centimètre par centimètre.

Celui qui a tiré (au sort) une place à la corde, contre la lisse, bénéficiera d'un parcours théoriquement, géométriquement plus court de 15 à 20 mètres par rapport à celui qui aura hérité d'une place à l'extérieur dans les stalles. Mais la théorie géométrique sera compensée par l'état du terrain, parfois moins bon à la corde, plus pénible qu'au milieu de la piste.

La distance, l'effort, la souplesse du terrain, tout se mesure et rien n'est sûr. L'important est de trouver la place qui convient le mieux aux aptitudes du cheval.

Jaillir des boîtes plus rapidement que les autres, cela s'apprend, c'est encore une affaire de dressage, mais ça n'aurait pas suffi au Fabuleux s'il n'avait pas été meilleur que les autres, ne serait-ce qu'un tout petit peu meilleur. Car cette infime supériorité du champion, son jockey va la démultiplier au cours du trajet : une bonne place au départ a permis à celui-ci d'éviter les bousculades, Le Fabuleux a couru à son rythme, imposant au peloton sa cadence, il régnait déjà sur ses sujets après 500 mètres de course. Ils vont tous s'incliner dans la ligne droite, vassalisés.

CHANTILLY
F.BLONDEL
6
CHANTILLY
M. GUYON
5
CHANTILLY

CRASTUS

FRANCE GALOP
T.PICCONE
6
19
5

# — LA MORT

Elle est toujours là, au milieu des instants les plus heureux et dans les positions les plus insolites, inattendues. On a vu de jeunes jockeys tomber lors de leur première course et se tuer. On connaît des chevaux qui sont morts de colique, dans leur box, la veille de disputer leur grande course. La mort n'est pas une fausse note, c'est le tintement du triangle dans l'orchestre symphonique, glaçant, absolu.

Le jockey qui tombe a intérêt à ne plus bouger : les chevaux l'éviteront, du moins feront-ils leur possible. Le reste est entre les mains de la providence. Et le spectacle continue.

Un cheval qui se fracture en course est généralement abattu sur l'hippodrome, pour des raisons d'assurance, dit-on. Mais il arrive parfois que son propriétaire insiste pour qu'on l'emmène à la clinique vétérinaire et qu'on tente tout ce qui est possible pour le sauver. Quoi qu'il en coûte. Dans certaines histoires vraies, qui deviennent alors des légendes, le cheval est sauvé.

Ce jour-là, un jour ordinaire, un jour de semaine avec des petites courses, Philippe Saint-Robin monte un cheval sans avenir, honnête, qui tombe à la sortie des boîtes et projette son jockey sous les sabots du peloton. Rare, très rare. Saint-Robin s'en tire, si l'on peut dire, avec une fracture du tibia, un traumatisme crânien, trois mois d'arrêt de travail. À dix jours du Jockey Club, c'est presque pire que la mort. C'est tout Saint-Robin : la chance n'est pas de son côté.

Au pied levé, comme on dit, c'est Jack, il n'y a que lui, il vient tout juste de remporter sa cinquantième victoire qui l'autorise à courir les grands prix, le Jockey Club, c'est Jack qui montera Le Fabuleux. M. Tête en a parlé aux propriétaires qui sont venues à Chantilly rencontrer ce « jeune prodige » auquel, trois semaines plus tôt, au rond des vainqueurs, elles n'avaient pas adressé la parole, transportées par leur bonheur.

Elles trouvent qu'il a du chien, et qu'il correspond mieux, tout compte fait, à l'idée qu'elles se font d'un jockey : un petit voyou dompté.

– Qu'est-ce qu'on peut faire pour Saint-Robin ? Une boîte de chocolats ? Des fleurs ? Un petit chèque ?
– Appelez-le, ça lui fera plaisir.

Ce qu'elles ne feront pas.

LONGCHAMP

Double page suivante
Hippodrome
de Chantilly, le jour
du Prix de Diane.

INTERDIT
AU PUBLIC

# — ATTENDRE

L'impatience. Quand un jockey sent les forces de sa monture s'amenuiser, il insiste, il puise, il pompe, il a ce geste dramatique, avec les bras, de chaque côté de l'encolure du cheval, comme pour faire monter le sang de cette machine exsangue, ce puits épuisé d'où plus rien ne vient ou si peu. Affolé, il sort sa cravache de la position qu'elle n'aurait jamais dû quitter, qu'il s'était promis de garder, et, comme un enfant furieux, il frappe – ils frappent tous au moment où les forces leur manquent, ils frappent pour de bon, comme on punit le destin, tandis qu'à côté d'eux, le futur vainqueur domine : il n'a en fait jamais cessé de dominer, dès le départ il a imposé son empire sur les autres, avec cette aura, cette assurance que lui confère sa précédente victoire et qui l'a désigné comme « favori ». Le futur vainqueur se remarque au milieu du peloton d'affolés, il est saisissant de calme, de retenue : les bras de Jack sont tenus, tendus, ramassés sur une force encore intacte.

La force, c'est d'en user le plus tard possible, et si possible jamais.

10
S-LAFFITTE

# — ET VAINCRE

Jack n'a eu qu'à « ouvrir les mains »,
on ne l'a pas vu sortir sa cravache.

Sitôt le poteau franchi, Saint-Robin, boîtant, est descendu sur la piste, il a couru au-devant de son cheval avec sa couverture, il était heureux, fier du Fabuleux. Il y a eu un échange de regard avec son remplaçant : Saint-Robin tout en bas, avec sa couverture, et Jack tout en haut d'une gloire facile.

– Bon boulot, a dit le jockey blessé.

– Bon boulot, a répondu Jack.

11
NS-LAFFITTE
3
10
S-LAFFITTE

G. MOSSÉ

Prix de Diane
Prix de Diane

# — FIERTÉ DRAPÉE

Être propriétaire coûte plus ou moins cher, mais toujours plus cher que cela ne rapporte.

Gagner une course est une grande fierté qui survient moins souvent que la honte de perdre. Le plaisir de l'œil sera souvent embué par toutes les inquiétudes, la santé, les chutes, la malchance. Et puis il y a toute la paperasserie, les enquêtes de moralité du ministère de l'Intérieur, c'est humiliant, il y a aussi le dédain, la méfiance, la jalousie qu'inspirent les mots « propriétaire de chevaux ».

Et malgré tout ça, on achète un cheval à Deauville, une fortune, on va à Chantilly le voir courir, et on donnerait tout pour avoir ce chapeau, cette robe et cette place à l'entrée du rond du vainqueur, attendant le retour de son champion fabuleux.

# — LE SANG

Il y a 12 litres de sang dans le corps
d'un cheval, qu'il soit pur-sang, trotteur
ou AQPS (autre que pur-sang).

On ne regardait pas aux origines, à l'Institut
Pasteur, lorsqu'on prélevait sur les chevaux
des litres et des litres de ces précieux globules
pour produire du sérum contre le tétanos.

Le cheval n'était plus seulement la belle
conquête, ou l'ami préféré de l'homme,
il était son sauveur.

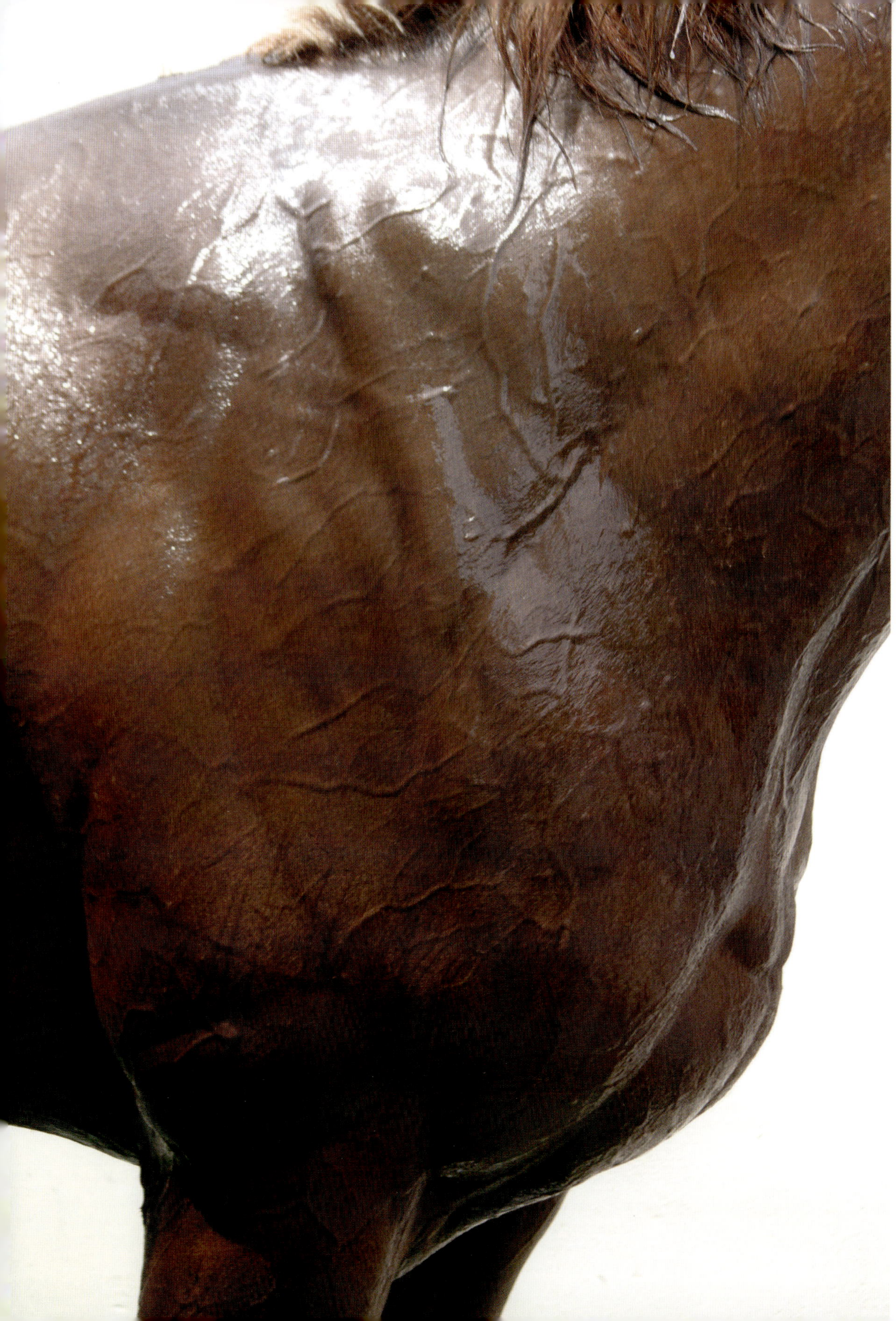

# — LA CHALEUR

Ce qu'on ne peut jamais prévoir, c'est le temps, le terrain, s'il aura plu, s'il fera chaud ; de mars à octobre, on n'est sûr de rien. L'orage, la grêle, la sécheresse, la canicule. Les intempéries, comme on les appelle, fournissent de bonnes excuses aux perdants.

La chaleur peut être un mauvais souvenir, traumatisant, pour certains vainqueurs qui refuseront désormais toute lutte, quelle que soit la température.

L'eau récompense, soulage, elle refroidit les tissus en surchauffe, produit un choc thermique anesthésiant, l'eau l'amuse, ses éclaboussures sont un jeu de lumières, l'éblouissement participant au travail de l'oubli, et alors seulement la douleur peut changer de nature et se réconcilier avec le corps. Les courbatures du lendemain seront empreintes de ce spectacle de bronze : je suis une statue équestre au milieu d'une fontaine de Versailles.

# — LA PROCHAINE COURSE

Victoire du Fabuleux dans le Jockey Club. Le cheval est entouré de sourires, de flatteries, il pose pour la presse, et ça bourdonne du babil des savants qui l'avaient prédit, pronostiqué, qui avaient vu en lui un champion depuis la première course, comme si la suite n'avait été qu'une formalité à accomplir pour ne pas les décevoir.

– Et quand on a su que Jack allait le monter, alors là, ça ne faisait plus aucun doute.
– Oui, ma chère, c'est la dimension un poil tragique qui manquait à sa carrière.
– Et maintenant, en route pour l'Arc, il n'y a plus que ça. N'est-ce pas ?

Jack ne répond pas. Sa morgue, il la ravale, il a gagné le Jockey Club, ce qui a pour effet, curieusement, de retourner sa fierté comme un gant : il est devenu sérieux, introverti, un brin mélancolique et chose vraiment inattendue, taciturne.

Le Jockey Club est la plus grande course française pour les pur-sang de 3 ans. Elle est ouverte à tous les chevaux du monde, ce qui en fait un championnat à l'égal du Derby d'Epsom. Sauf que la distance, jadis de 2 400 mètres, dite classique, a été ramenée récemment à 2 100 mètres, ce qui a tout changé. Les entraîneurs s'adaptent ; ils « allongent » ou « raccourcissent » leur élève selon qu'ils veulent lui faire disputer le Prix de l'Arc de Triomphe (2 400 mètres) à Longchamp ou le Prix Jacques Le Marois (1 600 mètres) à Deauville. Cela dépend en partie de la façon dont le cheval court le Jockey Club : s'il a donné l'impression de tenir la distance, ou au contraire d'avoir rencontré là le bout de son monde. Mais cela dépend aussi de ses origines – si le père, la grand-mère, l'oncle du crack a plutôt triomphé sur des distances courtes, et en ligne droite, ou sur des parcours corde à droite, longs. Le plus simple, c'est d'avoir un champion qui sait tout faire, déjoue tous les calculs et donne raison à chacune des audaces de l'entraîneur. Ça n'existe pas.

– L'Arc ou le Le Marois ?
– C'est le chef qui décidera, répond Jack.

Comme s'il n'en savait rien, comme s'il n'en avait pas déjà parlé, avec le chef.

Il est vrai que ça s'est passé très vite, dans le box, entre deux coups de brosse, au cours de l'auscultation de routine. Une question, un regard, plusieurs regards. L'entraîneur est alors le médecin de l'âme de son jockey, interprète des mots par lesquels le gosse va dire ce qu'il a ressenti dans la course, et surtout à 100 mètres, à 200 mètres du poteau d'arrivée. La force du cheval, peut-il l'estimer, avec son peu d'expérience, et malgré l'émotion, la joie de sa vie, le poing dressé au public, tout ce folklore que les jockeys d'aujourd'hui s'autorisent, que peut-il raconter d'utile à propos de ce qu'il a vécu dans la ligne droite ? On s'en fout de ton bonheur, de ton père alcoolique qui te battait, et si tu as pensé à ta maman, et si c'est ton rêve d'enfant qui se réalise, garde ça pour *Paris-Turf*, ils en feront des nattes. La question qui intéresse l'entraîneur, c'est : Tu avais quoi dans les mains ? Cent mètres, 300 mètres de plus, du speed encore, un coup de rein, combien de changements de pied ?

– C'est un crack, monsieur, dit-il au chef qu'il appelle pour la première fois « monsieur ».

Un crack ? Mais qu'est-ce qu'il sait d'un crack ? A-t-il conscience qu'il n'en montera plus jamais un de cette force, a-t-il déjà compris qu'à 18 ans, il vient de toucher le sommet ? Oui. Il le sait, et c'est ce qui l'empoisonne depuis hier, 16 heures 20, en revenant avec Le Fabuleux vers le rond du vainqueur. Il se souvient des deux mots tristes qui résonnaient sous les applaudissements, « plus jamais », préfigurant une nostalgie inguérissable.

4
CHANTILLY

# UNE CARRIÈRE

Après avoir remporté sa première course à 2 ans, le Prix des Chênes, à Longchamp, puis le Critérium continental à Saint-Cloud début novembre, après avoir passé l'hiver au chaud, au froid, à Chantilly, après avoir fait son retour à Longchamp où il a remporté le Prix Greffulhe, puis le Prix du Jockey Club à Chantilly avec la facilité qu'on sait, Le Fabuleux a finalement été engagé à Deauville, dans le Prix Jacques Le Marois.

Ce sera la seule et unique défaite de sa carrière.

Jack en a pleuré, ce qui montrait qu'il avait du cœur.

– C'est ma faute, lui dit M. Tête, je le croyais imbattable sur court.
– Tout le monde peut se tromper, chef, a répondu Jack en reniflant, mais l'air de dire : Ne me refaites plus jamais ça !

Le Fabuleux a donc été dirigé, le plus raisonnablement du monde, vers le Prix Niel, mi-septembre, à Longchamp. Le Prix Niel est souvent considéré comme une course préparatoire à l'Arc de Triomphe. Le Fabuleux gagne, comme à la parade. Et le voilà donc engagé dans l'Arc, à Longchamp, sur 2 400 mètres, face aux meilleurs chevaux du monde.

Victoire historique, qui sera la dernière.

# — UNE FOULE DE SOUVENIRS

Quarante-sept mille personnes assistèrent au triomphe du Fabuleux dans la plus grande course du monde. Sa carrière exemplaire fut un régal pour les chroniqueurs, un ravissement pour les parieurs, une épopée écrite par un jockey, un lad, un entraîneur. Le Fabuleux restera une fierté pour l'éleveur, un frisson pour le dresseur, le naisseur, tous ceux qu'on remercie à la fin du livre :

Christiane Head, entraîneur, qui nous a accueillis chez elle, à Chantilly, et guidés sur les pistes. Remerciements aussi à toute son équipe, palefreniers, lads, apprentis jockeys, maréchal-ferrant, avec un signe particulier pour Charley Rossi.

Vincent Rimaud, éleveur, qui nous a ouvert toutes les portes du haras du Quesnay, et les barrières des prés. Remerciements aussi à toute son équipe de naisseurs, de vétérinaires.

Nicolas Blondeau, dresseur, qui nous a montré, à Saumur, les joies simples du dressage.

Éric Hoyeau, P-DG, qui nous a autorisés à photographier les ventes aux enchères d'Arqana. Remerciements aux équipes et au service de presse.

Édouard de Rothschild, président, qui nous a permis d'entrer sur les hippodromes de France Galop (Chantilly, Deauville, Saint-Cloud, Maisons-Laffitte, Longchamp). Remerciements aussi à toutes les équipes : du service de presse, de la piste, et à messieurs les commissaires.

La carrière rêvée du Fabuleux fut un étourdissement pour ses imaginaires propriétaires.

Mais ça n'est pas terminé, le nom du Fabuleux n'a pas fini de nourrir la légende des courses. Il va entrer au haras, saillir, et dans trois ans, sur cette même pelouse, débutera un de ses poulains, une de ses pouliches, encore des victoires. Dans cent ans, quand on cherchera à travers les générations, les origines du nouveau crack, quand on essaiera de comprendre pourquoi, comment, tel champion est aussi bon, on arrivera au Fabuleux, et le mystère sera entier.

Ci-contre
Hippodrome
de Longchamp, le jour
de l'Arc de Triomphe.

Photogravure : **Articrom**
Achevé d'imprimer en avril 2011
sur les presses de l'**imprimerie Mondadori**
Dépôt légal : mai 2011
ISBN : 978-2-7324-4132-0
Imprimé en Italie